¡Vamos, amigos!

Curso de español moderno

Von

Lorenzo Béjar Hurtado

Lehrbuch 1

Langenscheidt

BERLIN · MÜNCHEN · WIEN · ZÜRICH

Begleitmaterialien zu diesem Kurs:
1 Arbeitsbuch (Kurzgrammatik, Kontrollübungen, Lektionsvokabular) Best.-Nr. 49281

1 Text-Cassette (Aufnahme sämtlicher A- und D-Teile der Lektionen) Best.-Nr. 84280

Zeichnungen: Herbert Horn
Umschlaggestaltung: graphik-dienst A. Wehner

Bildnachweis: Süddeutscher Verlag (S. 119, 127, 129, 136, 172)
Servicio de Propaganda e Información Turística (S. 41, 77, 99, 107, 137, 148, 150, 156, 173, 178, 180, 181)

Auflage:	5.	4.	3.	2.	1.	Letzte Zahlen
Jahr:	1982	81	80	79	78	maßgeblich

© 1978 by Langenscheidt KG Berlin und München
Druck: Druckhaus Langenscheidt, Berlin
Printed in Germany · ISBN 3-468-49280-4

VORWORT

Dieser Sprachkurs will Sie in das gesprochene und geschriebene Spanisch einführen. ¡**Vamos, amigos**! eignet sich dabei in besonderem Maße für den Einsatz an Volkshochschulen sowie für Sprach- und Dolmetscherschulen. Über die Erwachsenenbildung hinaus kann dieses Lehrwerk ebenso im Spanischunterricht der Gymnasien eingesetzt werden.

¡**Vamos, amigos**! ist aus der Unterrichtspraxis heraus entstanden. Wesentliche Teile dieses Lehrbuches sind schon vor ihrer Drucklegung in Schule und Erwachsenenbildung erprobt und – ausgehend von den praktischen Gegebenheiten des Unterrichts – zu dem vorliegenden Kurs weiterentwickelt worden. Dabei wurden die in den Zertifikatsrichtlinien des deutschen Volkshochschulverbandes niedergelegten Lernziele sowie die Wortschatz- und Strukturenliste in das Lehrbuch integriert.

Jede Lektion, mit Ausnahme der einführenden ersten Lektion, folgt diesem Aufbau:

A Text Die Texte am Eingang jeder Lektion sind überwiegend dialogisch gehalten. In lebendigem umgangssprachlichen Spanisch werden Alltagssituationen und alltägliche Begebenheiten behandelt und die Grundlagen geschaffen, um Spanisch zu verstehen und aktiv zu sprechen.

B Grammatik Im *Esquema gramatical* werden die grammatischen Strukturen vorgestellt, die im Eingangsdialog erschienen sind. Ferner werden dort wichtige Ausdrücke und Wendungen sowie phonetische Besonderheiten des Spanischen herausgehoben und verdeutlicht.

C Übungen In den *Ejercicios* werden methodisch vielfältige Aufgaben gestellt, die inhaltlich mit dem Dialog verknüpft sind. Übungen zur Grammatik wechseln ab mit Verständnisfragen zu den Texten und auch **Illustrationen**, die systematisch in die Aufgabenstellungen integriert sind und nicht nur allein der Verdeutlichung der Inhalte dienen.

D Lektüre Die *Lectura* ist überwiegend nicht-dialogisch gehalten. Sie schließt inhaltlich an den Dialog-Teil **A** an, wobei die dort erworbenen Kenntnisse der Wörter und Strukturen nun gefestigt oder erweitert werden.

E Übungen Die *Ejercicios* dieses Abschnitts beziehen sich auf die *Lectura*. Hier finden sich, neben Übungen zur Grammatik, in verstärktem Maße Aufgaben, die zum freien und spontanen Sprechen auffordern.

Im Anhang des Lehrbuches befindet sich ein alphabetisches spanisch-deutsches Glossar. Bei den spanischen Einträgen ist jeweils angegeben, in welcher Lektion bzw. in welchem Lektionsabschnitt ein Wort oder Ausdruck erstmals erscheint.

INDICE DE MATERIAS

	Página
1 Obertura fonética	6
2 Con los camareros y las camareras del bar-restaurante EL TORO	12
Lectura: ¿Cuánto cuesta?	17
3 Con Petra y Andrés	18
Lectura: ¿Quién es Inés? ¿Qué hace? ¿Dónde está?	22
4 En la conserjería del hotel	24
Lectura: ¿Cómo está usted?	28
5 En el edificio MAR Y SIERRA	30
Lectura: Torre del Mar	34
6 El viaje de Gonzalo y Lucía	36
Lectura: ¿A dónde van?	42
7 Andrés, desde la oficina	44
Lectura: Por correo urgente	49
8 ¿Hablan ustedes castellano?	50
Lectura: Algunas regiones o naciones de España	55
9 En el taxi, con Gonzalo, Lucía y el taxista	56
Lectura: ¿Desde Valencia, o desde Alicante?	62
10 La *r* (ere) y la *rr* (erre) de Petra	64
Lectura: La carta misteriosa	68
11 Una clase aburrida: tenga usted paciencia	70
Lectura: Sin esfuerzo no hay progreso	75
12 En el mostrador de facturaciones, con Lucía y Gonzalo	78
Lectura: Pesadilla	83
13 Desde la terraza del aeropuerto	84
Lectura: Ana le da un abrazo y lo besa	90
14 Primer cambio de impresiones	92
Lectura: De sobremesa, con Lucía y su piso	97
15 Otra vez al teléfono, con Petra y Andrés	100
Lectura: Como en las novelas rosas	105

		Página
16	Cuando Andrés llega	108
	Lectura: ¿Juicios fundados, o prejuicios?	113
17	El cielo de la abuela	115
	Lectura: El burro enfermo	120
18	Por el número de habitantes que lo hablan	122
	Lectura: Cada año varios millones más	127
19	Como hoy es el cumpleaños de Petra	130
	Lectura: Andaluces de Jaén	135
20	En Bolivia, cerca de Cochabamba	138
	Lectura: El llamado «Mundo libre» calla y acepta	142
21	Gerardo el generoso, Juan y José, y el camarero del BAR GIJÓN	144
	Lectura: ¿Antes de las doce, o después de las doce?	149
	Información: Sobre hoteles y restaurantes	151
22	Al volver a casa, Petra e Inés se encuentran con Andrés	152
	Lectura: Los protagonistas de *La Prima Angélica*	157
23	¡Conozca usted España!	159
	Lectura: Bajo el cielo azul de España	164
24	¿Qué están haciendo?	166
	Lectura: Desde mi balcón lo veo	171
25	Estampa: saludos y cumplimientos	174
	Lectura: ¿Típico, o tópico? (España en color)	179
	Glosario Español-Alemán	182

Lección primera

Obertura fonética

1A

Dos orquestas,
un cuarteto y un quinteto,
interpretan una pieza
de música clásica
en el quiosco del zoo.

La cebra baila con el canguro
y Cecilia coquetea
con un arquitecto
de carácter criminal.

Un banquero,
el director del Banco de Crédito
de Zaragoza,
calcula el índice de inflación
con un inspector de policía
de la ciudad.

Un insecto,
un mosquito sin documentación,
entra en conflicto
con el director de una fábrica
de productos químicos.

— ¡Esto es un circo!
— No, esto no es un circo:
es el baile de máscaras
del carnaval de Cádiz.

Esquema gramatical 1B

1. **Nombres masculinos** *(en -o, -r, -l)* **Nombres femeninos** *(en -a, -ión, -ad)*

un	cuarteto	una	orquesta
un	canguro	una	cebra
el	carácter	la	inflación
el	carnaval	la	ciudad
el	director	la	directora

2. **Singular y plural**

producto	máscara	ciudad	director
productos	máscaras	ciudades	directores

3. ***de + el = del***

El director **del** Banco de Crédito de Zaragoza.
El baile de máscaras **del** carnaval de Cádiz.

4. **La acentuación de las palabras sin «tilde» (´)**

a) *La palabra termina en vocal* (-a, -e, -i, -o, -u) *o en* -n, -s:
   in-ter-**pre**-ta   in-ter-**pre**-tan
   pro-**duc**-to   pro-**duc**-tos
   bai-le (diptongo ai)   **bai**-les
   pie-za (diptongo ie)   **pie**-zas

b) *La palabra termina en consonante* (-d, -l, -r,...), *no* -n, -s:
   car-na-**val**   di-rec-**tor**   ciu-**dad**
   cri-mi-**nal**   sin-gu-**lar**   Ma-**drid**

Ejercicios 1C

1. Conteste usted: *Es un/una...*

Locutor ¿Qué es esto?
Alumno Es una fábrica.
Corrector Es una fábrica.
Todos Es una fábrica.

1. ¿Qué es esto? 2. ¿Qué es esto? 3. ¿Qué es esto?

4. ¿Qué es esto? 5. ¿Qué es esto? 6. ¿Qué es esto?

2. un/una ... de ...

Locutor director, Banco
Alumno un director de Banco
Corrector un director de Banco
Todos un director de Banco

1. director, Banco. 2. director, orquesta. 3. inspector, policía. 4. baile, máscaras. 5. sala, baile. 6. sala, teatro. 7. sala, fiestas.

3. Conteste usted: *No, no es ... / Sí, es ...*

Locutor ¿Es esto un Banco?
Alumno No, no es un Banco.
Locutor ¿Es esto una fábrica?
Alumno Sí, es una fábrica.

1. ¿Es esto un Banco?
   ¿Es esto una fábrica?

2. ¿Es esto un bar?
   ¿Es esto una discoteca?

3. ¿Esto es un hotel?
   ¿Esto es un circo?

4. ¿Esto es una cebra?
   ¿Esto es un canguro?

5. ¿Es esto un cuarteto?
   ¿Es esto un quinteto?

6. ¿Esto es un museo?
   ¿Esto es un teatro?

4. el/la ... del/de la ...

Locutor	director, Banco
Alumno	el director del Banco
Corrector	el director del Banco
Todos	el director del Banco

1. director, Banco. 2. director, orquesta. 3. música, orquesta. 4. policía, ciudad. 5. pistola, inspector de policía. 6. baile de máscaras, carnaval de Cádiz.

5. Complete usted las frases: *(de, en, con, sin):*

1. La orquesta interpreta una pieza ... música clásica ... el quiosco ... el zoo.
2. La cebra baila ... el canguro y Cecilia coquetea ... un arquitecto ... carácter criminal.
3. El director ... el Banco ... Crédito ... Zaragoza calcula el índice ... inflación ... un inspector ... policía ... la ciudad.
4. Un mosquito ... documentación entra ... conflicto ... el director ... una fábrica ... productos químicos.
5. Es el baile ... máscaras ... el carnaval ... Cádiz.

6. Dictado del texto *1 A*

7. Conversación sobre el texto *1 A*
Corrija usted:

Locutor La orquesta interpreta un tango.
Alumno No, la orquesta interpreta una pieza de música clásica.

1. La orquesta interpreta un tango. 2. La cebra baila con el mosquito. 3. Cecilia coquetea con un inspector de policía. 4. El director del Banco baila. 5. Un mosquito entra en conflicto con el director de la orquesta. 6. Esto es un circo.

Lección segunda

**Con los camareros y las
camareros del bar-restaurante
El Toro**

2 A

—¡Camarero, un vaso de vino!
—¡Señorita, una copa de coñac!
—¡Camarero, una taza de café!
—¿Cómo desea usted el café,
  solo o con leche?
—Solo, sin leche.
—¡Otro trozo de pan, señorita!
—¡Otra taza de té, camarero!
—¿Cómo desea el té,
  con limón o con leche?
—Con leche.

—¿Toma usted postre, señora?
—Sí, fruta del tiempo.
—¿Plátano? ¿Melocotón? ¿Uvas?
—¿Son buenas las uvas?
—Muy buenas: son de Almería.
—Uvas.
—Y usted, señor, ¿qué toma?
—Un helado.
—¡Camarero! ¡La carta, por favor!
—¿Qué toman ustedes?
—Un momento.
—¡La cuenta, señorita!
—¿Separada?
—No, todo junto.
—Dos ensaladas, carne, pescado,
tres cervezas, una botella de agua...
trescientas pesetas en total.
—Muchas gracias, señorita.
—A ustedes, señores. Adiós.

Esquema gramatical 2 B

1. **Masculino y femenino, singular y plural**

   el camarer**o** / **los** camarer**os**   **el** señor   / **los** señor**es**
   la camarer**a** / **las** camarer**as**   **al** señora / **las** señor**as**

   Los nombres en -**e** son masculinos: **el** postr**e**
   o femeninos: **la** lech**e**

   –¿ Son buenas las uvas?   **el** vin**o**   es buen**o**
   la lech**e** es buen**a**

   los plátanos son buen**os**
   las   uvas   son buen**as**

2. **Singular y plural**

   ¿Toma   usted   postre? o ¿Usted   toma   postre?
   ¿Toma**n** usted**es** postre? o ¿Ustedes toma**n** postre?

   ¿Qué toma   (usted)?
   ¿Qué toma**n** (usted**es**)?

   ¿Cómo desea   (usted)   el té, con limón?
   ¿Cómo desea**n** (usted**es**) el té, con limón?

3. **Fonética**

   v = **b**, **nv** = **mb**: un **v**aso de **v**ino [um'basoðe'ßino]

   ... **r** ...: post**r**e ['pɔstre], f**r**uta ['fruta],

   ot**r**o t**r**ozo de pan ['otro'troθoðe'pan]

   cama**r**ero [kama'rero]

   ñ: se**ñ**or [se'ɲɔr], se**ñ**ora [se'ɲora], co**ñ**ac [kɔ'ɲak]

   ch: le**ch**e ['letʃe]   **j**: todo **j**unto ['toðo'xunto]

Ejercicios

2C

1. Es un/una . . .

Locutor   ¿Qué es esto?
Alumno   Es un vaso de vino.
Corrector Es un vaso de vino.
Todos   Es un vaso de vino.

1. ¿Qué es esto?   2. ¿Qué es esto?   3. ¿Qué es esto?

 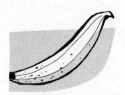 

4. ¿Qué es esto?   5. ¿Qué es esto?   6. ¿Qué es esto?

2. No, no es . . ./Sí, es . . .

Locutor ¿Esto es vino?
Alumno No, no es vino.
Locutor ¿Es cerveza?
Alumno Sí, es cerveza.

1. ¿Esto es vino?   2. ¿Esto es té?   3. ¿Esto es fruta?
   ¿Es cerveza?   ¿Es café?   ¿Es ensalada?

4. ¿Es esto pan?   5. ¿Es esto pescado?   6. ¿Es leche?
   ¿Es fruta?   ¿Es carne?   ¿Es agua mineral?

3. un vaso / una copa / una taza / un trozo / una botella

Locutor   ¿Qué toma usted, vino?
Alumno   Sí, un vaso de vino.
Corrector Sí, un vaso de vino.
Todos   Sí, un vaso de vino.

1. ¿Qué toma usted, vino? 2. ¿Qué toma usted, coñac? 3. ¿Qué toma usted, café? 4. ¿Toma usted leche? 5. ¿Toma usted pan? 6. ¿Toma usted agua mineral?

4. otro / otra   Entonación

Locutor   ¡Una cerveza!
Alumno   ¿Otra cerveza?
Corrector ¿Otra cerveza?
Todos   ¿Otra cerveza?

1. ¡Una cerveza! 2. ¡Un helado! 3. ¡Un trozo de pan! 4. ¡Un plátano! 5. ¡Un melocotón! 6. ¡Una copa de coñac! 7. ¡Una taza de té!

5. Sí, son . . . /No, no son . . .

Locutor   ¿Esto son plátanos?
Alumno   Sí, son plátanos.
Locutor   ¿Son melocotones?
Alumno   No, no son melocotones.

1. ¿Esto son plátanos?   2. ¿Esto son limones?   3. ¿Esto son vasos?
   ¿Son melocotones?   ¿Son uvas?   ¿Son copas?

4. ¿Esto son filetes? ¿Son helados?
5. ¿Esto son tazas? ¿Son botellas?
6. ¿Esto son botellas? ¿Son vasos?

6. el/la/los/las ... es/son ... bueno/-a/-os/-as.

   A. ¡Uvas de Almería!
   B. ¿Cómo son las uvas? ¿Son buenas?
   A. Son muy buenas, señor(a), son de Almería.

1. ¡Uvas de Almería! 2. ¡Limones de Valencia! 3. ¡Plátanos de Canarias! 4. ¡Melocotones de Lérida! 5. ¡Vino de Jerez! 6. ¡Café de Colombia! 7. ¡Cerveza de Alemania!

Lectura   2 D

¿Cuánto cuesta?

Cecilia entra con el arquitecto en el café-bar LA LOLA. El camarero pregunta: ¿Qué toman ustedes?

Cecilia toma un café solo y sin azúcar. El arquitecto toma una cerveza. El café cuesta 20 (veinte) pesetas. La cerveza cuesta 30 (treinta) pesetas. El café y la cerveza cuestan 50 (cincuenta) pesetas.

Ejercicios   2 E

Conversación sobre el texto *2 D*

1. ¿Qué toma Cecilia, un coñac? 2. ¿Cómo toma Cecilia el café, con leche? 3. ¿Cómo toma Cecilia la leche, con azúcar? 4. ¿Qué toma el arquitecto? 5. ¿Cuánto cuesta la cerveza? 6. ¿Cuánto cuesta el café? 7. ¿Cuánto cuestan la cerveza y el café?

Lección tercera

Con Petra y Andrés 3 A

—¿Quién es Petra?
—Es una amiga de Andrés.
—¿Y quién es Andrés?
—Es un amigo de Petra.
—Sí, pero ¿quiénes son
 Andrés y Petra?

—Ella es una chica alemana.
 Está en España.
 No habla español.
—¿Y él?
—Él es un chico español.
 No habla alemán.

—¿Cómo se entienden?
—Ella estudia español.
—¿Con quién?
—Con él, con Andrés,
 naturalmente.
—¿Dónde?

—En todas partes:
 en   la cafetería,
 en   la discoteca,
 en   el cine,
 por la calle,
 en   casa...

Ahora están
en el apartamento de Petra.
—¿Y qué hacen?
—Estudian, hablan, leen...

Esquema gramatical 3 B

1. ser / estar

> Petra *es* alemana.
> Petra *está* en España.
> Petra y Andrés *son* amigos.
> Petra y Andrés *están* en el apartamento de Petra.

2. Singular — Plural

Singular	Plural
(Él) estudia.	(Ellos) estudian.
(Ella) estudia.	(Ellas) estudian.
(Usted) estudia.	(Ustedes) estudian.
¿Qué hace (él)?	¿Qué hacen (ellos)?
¿Qué hace (ella)?	¿Qué hacen (ellas)?
¿Qué hace (usted)?	¿Qué hacen (ustedes)?
¿Quién es (él)?	¿Quiénes son (ellos)?
¿Quién es (ella)?	¿Quiénes son (ellas)?
¿Quién es (usted)?	¿Quiénes son (ustedes)?
¿Dónde está (él)?	¿Dónde están (ellos)?
¿Dónde está (ella)?	¿Dónde están (ellas)?
¿Dónde está (usted)?	¿Dónde están (ustedes)?

3. Fonética

> la letra **h** (la *hache*): **habla** [ˈaßla], **hablan** [ˈaßlan],
> **hace** [ˈaθe], **ahora** [aˈɔra].
> la letra **ch** (la *che*): un **chi**co [unˈtʃiko], una **chi**ca [unaˈtʃika],
> la **le**che [laˈletʃe].
> la letra **ll** (la *elle*): **ella** [ˈeʎa], **ellas** [ˈeʎas], **ellos** [ˈeʎos],
> la bo**te**lla [laßoˈteʎa].

Ejercicios 3 C

1. Diálogo sobre el texto 3 A

A. –Él es español.
B. –¿Quién es español?
A. –Andrés es español.

1. Él es español. 2. Él habla español. 3. Él habla con Petra. 4. Ella es alemana. 5. Ella es amiga de Andrés. 6. Ella está en España. 7. Ella estudia español. 8. Ella está con Andrés. 9. Ellos están en casa de Petra. 10. Ellos hablan de España.

2. Diálogo sobre el texto 3 A

A. –Petra no estudia alemán.
B. –¿Qué estudia?
A. –Estudia español.

1. Petra no estudia alemán. 2. Petra no es española. 3. Andrés no es alemán. 4. Petra y Andrés no hablan en alemán. 5. Petra y Andrés no hablan de Alemania. (... de España.) 6. Petra y Andrés no están en la cafetería. 7. Petra no es de España. 8. Andrés no es de Alemania.

3. Conversación sobre el texto 3 A

Locutor   ¿Quién es Petra?
Alumno   Es una chica alemana.
Corrector   Es una chica alemana.
Todos   Es una chica alemana.

1. ¿Quién es Petra? 2. ¿De quién es amiga Petra? 3. ¿Dónde está Petra, en Alemania? 4. ¿Qué hace en España? 5. ¿Con quién estudia español? 6. ¿Quién es Andrés? 7. ¿Cómo habla Andrés con Petra, en alemán? 8. ¿Cómo se entienden Andrés y Petra, en alemán? 9. ¿Dónde están ahora Andrés y Petra, en el cine?

4. Diálogo

A. –Andrés no es amigo de Inés.
B. –¿De quién es amigo Andrés?
A. –Es amigo de Petra.

1. Andrés no es amigo de Inés. 2. Andrés no está con Inés. 3. Andrés no habla con Inés. 4. Andrés no baila con Inés. 5. Andrés no habla de Inés. 6. Andrés no se entiende con Inés.

Lectura 3 D

¿Quién es Inés? ¿Qué hace? ¿Dónde está?

Inés es también una chica alemana, amiga de Petra. Está también en España, donde aprende español en una academia de idiomas. Ahora no está en casa. ¿Dónde está, en el cine? No. ¿En el parque? Tampoco. ¿En el zoo? Tampoco. ¿En la academia de idiomas? Tampoco.

Está en el Banco: en el Banco de Crédito donde trabaja Andrés. ¿Qué hace Inés en el Banco? ¿Coquetea con Andrés? No, cambia moneda. Cambia marcos en pesetas. ¿Cuántos marcos cambia? Cien marcos. ¿Cuántas pesetas son cien marcos? Cuatro mil pesetas.

¡Cómo! ¡No es posible! ¡Cien marcos no son cuatro mil pesetas!

Ejercicios 3E

1. Conversación sobre el texto *3 D*

1. ¿Quién es Inés? 2. ¿Dónde está Inés, en Alemania? 3. ¿Qué hace Inés en España, trabaja? 4. ¿Dónde aprende Inés español? 5. ¿Dónde trabaja Andrés, en una academia de idiomas? 6. ¿Dónde está ahora Inés, en el apartamento de Petra? 7. ¿Qué hace Inés en el Banco? 8. ¿Cuántos marcos cambia? 9. ¿Son cien marcos cuatro mil pesetas?

2. también/tampoco

a) *A*. Petra no habla español.
   B. Inés *tampoco habla* español.

b) *A*. Petra habla alemán.
   B. Inés *habla también* alemán.

1. Petra no habla español. 2. Petra no entiende el español. 3. Petra no está en Alemania. 4. Petra está en España. 6. Petra aprende español. 7. Petra habla alemán.

3. Números

1	2	3	4	5
uno	dos	tres	cuatro	cinco
diez	veinte	treinta	cuarenta	cincuenta
10	20	30	40	50

Locutor   ¿Cuántos son uno y uno?
Alumno   Uno y uno son dos.
Corrector Uno y uno son dos.
Todos   Uno y uno son dos.

1. ¿Cuántos son uno y uno? 2. ¿Cuántos son dos y dos? 3. ¿Cuántos son dos y tres? 4. ¿Cuántos son diez y diez? 5. ¿Cuántos son diez y veinte? 6. ¿Cuántos son veinte y veinte? 7. ¿Cuántos son veinte y treinta?

4. *Locutor*   ¿Cuántos son mil y mil?
   Alumno   Mil y mil son dos mil.
   Corrector Mil y mil son dos mil.
   Todos   Mil y mil son dos mil.

1. ¿Cuántos son mil y mil? 2. ¿Cuántos son mil y dos mil? 3. ¿Cuántos son dos mil y dos mil? 4. ¿Cuántos son dos mil y tres mil? 5. ¿Cuántos son diez mil y diez mil? 6. ¿Cuántos son veinte mil y veinte mil? 7. ¿Cuántos son veinte mil y treinta mil?

Lección cuarta

En la conserjería del hotel 4 A

Señorita ¿Está el señor Molina?
Conserje ¿Molina? ¿El cantante?
Un momento. (*Al teléfono*)
¿El señor Molina, por favor?
Molina Sí, yo soy.
Conserje Señor Molina, una señorita pregunta por usted.
Molina ¿Quién es?
Conserje (*A la señorita*)
¿Quién es usted?
Señorita Sofía Quiroga, periodista.
Conserje (*Al señor Molina*)
Es la señorita Quiro . . .
Molina ¿Qué desea?
Conserje ¿Qué desea usted, señorita?

Señorita	Deseo hablar con él
Conserje	Desea hablar con usted, señor.
Molina	Hoy no es posible.
Conserje	Hoy no es posible, señorita.
Señorita	¿Mañana?
Conserje	¿Y mañana, señor Molina?
Molina	Mañana no estoy aquí.
Conserje	Mañana no está aquí, señorita.
Señorita	Perdón. (*Toma el teléfono*) Señor Molina, soy una periodista de la revista GENTE. Sólo una foto, por favor; una foto... y una pequeña entrevista.
Molina	Un momento, señorita: bajo en seguida.

Esquema gramatical 4 B

1. Verbos regulares en -ar

	desear	hablar	preguntar	bajar
yo	dese**o**	habl**o**	pregunt**o**	baj**o**
usted	dese**a**	habl**a**	pregunt**a**	baj**a**
él, ella	dese**a**	habl**a**	pregunt**a**	baj**a**

2. Dos verbos irregulares

	ser	estar
yo	soy	estoy
usted	es	está
él, ella	es	está

Observe usted: —Señor Molina, *soy* una periodista de ...
 —Mañana no *estoy* aquí.

3. Observe:

a) **a + el = al:** *al* teléfono
   al señor Molina
   a la señorita Quiroga

b) ¿*señor*, o *el señor*?

 —¿Está *el señor* Molina? (Habla *del* señor Molina.)
 —Sí, yo soy.
 —*Señor* Molina, ... (Habla *al* señor Molina.)

4. Fonética

ga	go	gu	gue	gui
ga	go	gu	ge	gi
ja	jo	ju	je/ge	ji/gi
xa	xo	xu	xe/xe	xi/xi

La señorita Quiro**g**a pre**g**unta al conser**j**e.
Traba**j**a en la revista GENTE.
El señor Molina ba**j**a en se**gu**ida.

Ejercicios 4 C

1. Conversación sobre el texto 4 A

Locutor   ¿Qué es la señorita Quiroga?
Alumno   Es periodista.
Corrector Es periodista.
Todos   Es periodista.

1. ¿Qué es la señorita Quiroga? 2. ¿Dónde trabaja? 3. ¿Dónde está ahora? 4. ¿Con quién habla? 5. ¿Por quién pregunta? 6. ¿Qué desea?

2. Pregunte usted: *quién, con quién, a quién, por quién, qué, dónde*

Profesor(a)   Yo no soy la señorita Quiroga.
Alumno(-a)   ¿Quién es usted?
Profesor(a)   Soy el (la) profesor(a) de español.

1. Yo no soy la señorita Quiroga. 2. No soy periodista. 3. No trabajo en la revista «Gente». 4. No estoy ahora en el hotel. 5. No hablo con el conserje. 6. No pregunto al conserje. 7. No pregunto por el señor Molina. 8. No deseo hablar con el señor Molina.

3. Conversación sobre el texto 4 A

Locutor ¿Quién es el señor Molina?
Alumno   Es un cantante.
Etc.

1. ¿Quién es el señor Molina? 2. ¿Qué es el señor Molina? 3. ¿Dónde está? 4. ¿Con quién habla por teléfono? 5. ¿Con quién habla el conserje, sólo con el señor Molina? 6. ¿Cómo habla Molina con el conserje, por radio?

4. Conversación libre

Profesor ¿Quién es usted?
Alumno   Soy ...

1. ¿Quién es usted? 2. ¿Qué es usted? 3. ¿Usted trabaja? 4. ¿Dónde trabaja? 5. ¿Dónde está usted ahora? 6. ¿Qué hace usted ahora, lee? 7. ¿Con quién habla usted ahora? 8. ¿Cómo habla usted ahora, en alemán?

Lectura   **4 D**

¿Cómo está usted?

    Molina, el famoso cantante Julio Molina, baja en seguida al bar del hotel, donde lo espera una famosa periodista de la revista GENTE. Hay poca gente en el bar. Julio y Sofía se saludan:

  —Buenas tardes, señor Molina. ¿Cómo está usted?
  —Bien, gracias. ¿Y usted?
  —Bien, muchas gracias.

    Sofía pide un coñac, y Molina un vaso de leche.

  —¿Caliente, o fría?—, pregunta el camarero.
  —Caliente, muy caliente—, contesta Molina.

    Julio y Sofía hablan de la canción moderna, del último disco del cantante, de su vida... La entrevista termina:

  —Muchas gracias por la entrevista, señor Molina.
  —No hay de qué, señorita Quiroga. Adiós. Mucha suerte.
  —Gracias, igualmente.

Ejercicios 4 E

1. Conversación sobre el texto *4 D*

A. ¿A quién espera la periodista?
B. Espera al cantante.
A. ¿Dónde lo espera?
B. Lo espera en el bar del hotel.

1. ¿A quién espera la periodista? 2. ¿Dónde lo espera? 3. ¿Cómo lo saluda? 3. ¿Qué contesta el cantante? 4. ¿Hay mucha gente en el bar? 5. ¿Qué pide la señorita Quiroga? 6. ¿Qué pide el señor Molina? 7. ¿Cómo toma Molina la leche, muy fría? 8. ¿De qué hablan Julio y Sofía? 9. Sofía: «Muchas gracias por la entrevista.» ¿Qué contesta Molina? 10. Molina: «Adiós. Mucha suerte.» ¿Qué contesta la periodista?

2. Los alumnos se saludan

A. ¿Cómo está usted, señor(a, -ita) B?
B. Bien, gracias. ¿Y usted?
A. Bien, muchas gracias.
B. Adiós, mucha suerte.
A. Gracias, igualmente.

1. Se saludan A y B. 2. Se saludan C y D. Etc.

Lección quinta

En el edificio Mar y Sierra 5 A

*La señora Prim baja del coche
y entra en el edificio.
El portero la saluda:*

Portero Buenos días, señora.

Señora Buenos días, señor.
¿Es usted el administrador?

Portero No señora, soy el portero.
El administrador no está.
Pero vuelve en seguida.
¿Quiere hablar con él?

Señora Sí, quiero alquilar
un apartamento.
¿Hay apartamentos libres?

Portero Sí señora, hay seis:
uno en el piso primero,
dos en el piso segundo
y tres en el tercero.

Señora ¿Cuánto cuesta el alquiler?

Portero Sesenta mil pesetas al mes.

Señora ¡Qué caro! No lo entiendo.

Portero Para este sitio
es barato, señora.
Está muy cerca de la playa
y es muy tranquilo.

Señora ¿Por la noche también?
¿Con la discoteca enfrente?

Portero Yo estoy aquí solamente
por la mañana y por la tarde.

Señora Gracias por la información.

Portero De nada, señora.
¿No espera al administrador?

Señora No, no lo espero. Adiós.

Esquema gramatical 5 B

1. Saludos

> *Por la mañana:* ¡Buenos días!
> *Por la tarde:* ¡Buenas tardes!
> *Por la noche:* ¡Buenas noches!
>
> *Observe:* mañana – la mañana – por la mañana
>
> el día (*masculino*)

2.

Nombres en -e:	Masculinos	Femeninos
	el parque	la calle
	el baile	la tarde
Adjetivos en -e	caliente	caliente

3. Tres verbos irregulares en *-er*

	querer	**entender**	**volver**
yo	qu**ie**ro	ent**ie**ndo	v**ue**lvo
usted	qu**ie**re	ent**ie**nde	v**ue**lve
él, ella	qu**ie**re	ent**ie**nde	v**ue**lve

4. lo / la

> La señora entra en el edificio.
> El portero **la** saluda. (= El portero saluda **a la señora**)
>
> La señora no espera **al administrador**
> La señora no **lo** espera.
>
> ¡Qué caro! No **lo** entiendo.

Ejercicios 5 C

1. Conversación sobre el texto *5 A*

Locutor ¿De dónde baja la señora Prim?
Alumno Baja del coche.

Corrector Baja del coche.
Todos Baja del coche.

1. ¿De dónde baja la señora Prim? 2. ¿Dónde entra? 3. ¿Quién la saluda? 4. ¿Con quién habla la señora Prim? 5. ¿Con quién quiere hablar? 6. ¿Qué quiere alquilar?

2. Responda usted: *No, no lo/la* . . .

Locutor ¿Saluda usted a la señora Prim?
Alumno No, no la saludo.
Etc.

1. ¿Saluda usted a la señora Prim? 2. ¿Saluda usted al portero? 3. ¿Espera usted al administrador? 4. ¿Espera usted a la señora? 5. ¿Entiende usted a la señora? 6. ¿Entiende usted al portero? 7. ¿Entiende usted el español? 8. ¿Termina usted el ejercicio?

3. Conversación sobre el texto *5 A*

Locutor ¿Hay apartamentos libres en el edificio MAR Y SIERRA?
Alumno Sí, hay seis apartamentos libres.
Etc.

1. ¿Hay apartamentos libres en el edificio «Mar y Sierra»? 2. ¿Cuántos apartamentos libres hay en el piso primero? 3. ¿Cuántos apartamentos libres hay en el piso segundo? 4. ¿Cuántos hay en el tercero? 5. ¿Cuánto cuesta el alquiler de un apartamento? 6. ¿Qué hay enfrente del edificio?

4. Corrija usted: *(Texto 5 A)*

Locutor El administrador vuelve mañana.
Alumno No, el administrador vuelve en seguida.
Etc.

1. El administrador vuelve mañana. 2. El portero trabaja solamente por la mañana. 3. El portero termina su trabajo por la mañana. 4. El edificio está muy cerca de la sierra. 5. Enfrente del edificio hay un cine. 6. Los camareros de la discoteca trabajan solamente por la tarde.

5. Sí, es muy/está muy . . .

Locutor ¡Qué caro es el apartamento!
Alumno Sí, el apartamento es *muy* caro.

1. ¡Qué caro es el apartamento! 2. ¡Qué cerca está de la playa! 3. ¡Qué tranquilo es el sitio! 4. ¡Qué cerca está la sierra del mar! 5. ¡Qué bueno es este clima! 6. ¡Qué barata está aquí la vida!

Lectura   5 D

Torre del Mar

> Torre del Mar es un pueblo de la Costa del Sol. Está en la provincia de Málaga, no lejos de la capital: a treinta kilómetros de Málaga.
>
> En Torre del Mar hay calles estrechas con casas antiguas, casas bajas; y hay edificios modernos, bloques altos de apartamentos para turistas españoles y extranjeros.
>
> Torre del Mar tiene una playa arenosa, larga y ancha. Tiene una plaza con palmeras, pero no tiene torre.
>
> Yo soy de Torre del Mar.

Ejercicios   5 E

1. Conversación sobre el texto *5 D*

Locutor ¿Qué es Torre del Mar, una capital de provincia?
Alumno No, Torre del Mar es un pueblo.

1. ¿Qué es Torre del Mar, una capital de provincia? 2. ¿Dónde está Torre del Mar, en la provincia de Barcelona? 3. ¿Cuántos kilómetros hay de Torre del Mar a Málaga? 4. ¿A cuántos kilómetros está Torre del Mar de Málaga? 5. ¿Cómo son las casas antiguas de Torre del Mar, son altas? 6. ¿Cómo son los bloques de apartamentos, son bajos?

7. ¿Cómo es la playa? 8. ¿Cómo es la torre de la plaza? (!) 9. ¿Es usted de Torre del Mar? 10. ¿Está usted en Torre del Mar?

2. ¡Qué + cerca/lejos/alto, -a . . .!

a) *Locutor* Torre del Mar está muy cerca de Málaga.
Alumno ¡Qué cerca está de Málaga!

b) *Locutor* Sus calles son muy estrechas.
Alumno ¡Qué estrechas son sus calles!

1. Torre del Mar está muy cerca de Málaga. 2. Torre del Mar está muy lejos de Madrid. 3. Su playa es muy ancha. 4. Sus calles son muy estrechas. 5. Las casas antiguas son muy bajas. 6. Los edificios modernos son muy altos. 7. La playa es muy larga.

3. Números

1	2	3	4	5	6
un(o),-a	dos	tres	cuatro	cinco	seis
diez	veinte	treinta	cuarenta	cincuenta	sesenta
10	20	30	40	50	60

Locutor ¿Cuántos son treinta mil y treinta mil?
Alumno Treinta mil y treinta mil son sesenta mil.
Corrector Etc.

1. ¿Cuántos son treinta mil y treinta mil? 2. ¿Cuántos son tres mil y tres mil? 3. ¿Cuántos son tres mil y dos mil? 4. ¿Cuántos son treinta mil y veinte mil? 5. ¿Cuántos son veinte mil y veinte mil? 6. ¿Cuántos son dos mil y dos mil? 7. ¿Cuántos son cinco mil y cinco mil?

Lección sexta

El viaje de Lucía y Gonzalo 6 A

Lucía ¿Dónde están las maletas?

Gonzalo La grande está ya en el taxi,
y la pequeña está ahí.

Lucía ¡Ahí! ¡Ahí! ¿Dónde?

Gonzalo ¡Qué nerviosa estás hoy!

Lucía Y tú ¡qué tranquilo eres!
¿Dónde está la maleta?

Gonzalo Ahí: detrás de la puerta.

Lucía ¿Y los pasaportes?

Gonzalo Están en tu bolso,
con los billetes del avión
y el dinero.

Lucía   (*Mira en su bolso*)
          Sí, aquí está todo...
          uno, dos, tres, cuatro,
          cinco, seis, siete y ocho:
          ochocientos francos.
          Es muy poco dinero.

Gonzalo Tengo setecientos en mi cartera:
          son mil quinientos en total.
          (*Coge un paquete del suelo.*)

Lucía   ¿Qué es eso?

Gonzalo ¿Esto? Son libros y revistas
          para mi amigo José.
          ¿No tienes una bolsa de plástico
          para las revistas?

Lucía   ¡Estás ciego! Ahí hay una:
          delante del armario.
          Vamos, Gonzalo, ya es tarde;
          y el taxista espera.
          ¡Coge tus cosas! ¡Vamos!

Esquema gramatical 6 B

1. Tres verbos irregulares

	ser	estar	tener
yo	soy	estoy	tengo
tu	eres	estás	tienes
usted	es	está	tiene
el, ella	es	está	tiene

Observe: ¡Qué nerviosa *estás hoy*! (estado)
¡Qué tranquilo *eres*! (carácter)

2. Observe

¿Dónde *está la* maleta?
¿Dónde *hay una* bolsa de plástico?

¿Dónde *están las* maletas?
¿Dónde *hay* bolsas de plástico?

3.   **mi**   **tu**   **su**

| Masculino: | mi bolso | tu bolso | su bolso |
| Femenino: | mi cartera | tu cartera | su cartera |

Observe: su = de él, de ella, de usted,
de ellos, de ellas, de ustedes.
tu / tú

4.   eso ────▶ esto
         ahí   aquí

—¿Qué es eso?
—¿Esto? Son libros y
revistas para...

—Ahí está la maleta:
detrás de la puerta.
—Aquí está todo...

Ejercicios

6 C

1. esto/eso

A. *presenta objetos o dibujos y pregunta:*
 ¿Es esto un/una ...? / ¿Esto son ...?
B. *contesta:*
 Sí, eso es ... / No, eso no es ... / Sí, eso son ...

A. ¿Es esto un disco?
B. No, eso no es un disco.
A. ¿Es esto un libro?
B. Sí, eso es un libro.

(*disco*) libro

1. taxi (*un autobús*) 2. (*maleta*) cartera 3. bolso (*bolsa*)

4. revistas (*libros*) 5. (*aviones*) coches 6. (*billete de avión*) pasaporte

2. está + el o la / hay + un o una

A. ¿Dónde está el taxi?
B. El taxi está delante de la casa.
A. ¿Qué hay delante de la casa?
B. Delante de la casa hay un taxi.

1.   2.   3.

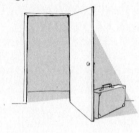

4.   5.   6.

3. ¿Sí, o no?

A. ¿Estás nervioso(-a)?
B. Sí, estoy nervioso(-a).
   O: No, no estoy nervioso(-a).

1. ¿Estás nervioso(-a)? 2. ¿Eres nervioso(-a)? 3. ¿Eres tranquilo(-a)? 4. ¿Estás tranquilo(-a)? 5. ¿Tienes dinero? 6. ¿Tienes aquí tu pasaporte? 7. ¿Miras en tu cartera (bolso)? 8. ¿Tienes aquí tus cosas? 9. ¿Esperas a tu amigo(-a)?

4. Conversación sobre el texto 6 A

Locutor   ¿Dónde está la maleta grande?
Alumno   La maleta grande está ya en el taxi.
Corrector La maleta grande está ya en el taxi.
Todos   La maleta grande está ya en el taxi.

1. ¿Dónde está la maleta grande? 2. ¿Dónde espera el taxi? 3. ¿Dónde está la maleta pequeña? 4. ¿Dónde están los pasaportes? 5. ¿Cuánto dinero hay en el bolso de Lucía? 6. ¿Cuánto dinero hay en la cartera de Gonzalo? 7. ¿Cuántos francos hay en total?

5. ¿Tú también...? / ¿Tú tampoco...?

a) A. Estoy nervioso(-a).
   B. ¿Tú también estás nervioso(-a)?

b) A. No tengo pasaporte.
   B. ¿Tú tampoco tienes pasaporte?

1. Estoy nervioso(-a). 2. Soy muy nervioso(-a). 3. No estoy tranquilo(-a). 4. No tengo billete. 5. No tengo dinero. 6. No tengo pasaporte. 7. Vuelvo a casa.

6. Conversación sobre el texto 6 A

Locutor ¿Qué coge Gonzalo del suelo?
Alumno Coge un paquete de libros y revistas.
Corrector Etc.

1. ¿Qué coge Gonzalo del suelo? 2. ¿Para quién son los libros del paquete? 3. ¿Para quién son las revistas? 4. ¿Qué quiere Gonzalo para las revistas, una maleta? 5. ¿Dónde hay una bolsa de plástico? 6. ¿Está ciego Gonzalo?

7. Diálogo

A. ¿Dónde está mi cartera?
B. ¿Su cartera? Ahí hay una cartera. ¿Es de usted?

1. ¿Dónde está mi cartera? 2. ¿Dónde está mi maleta? 3. ¿Dónde está mi billete? 4. ¿Dónde está mi libro? 5. ¿Dónde está mi disco? 6. ¿Dónde está mi revista? 7. ¿Dónde está mi dinero? (!)

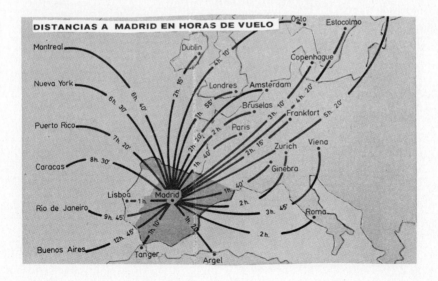

Lectura

6 D

¿A dónde van?

Lucía y Gonzalo van de viaje. ¿A dónde van? Van a Francia. Van de vacaciones. Van en avión. Quieren ver la ciudad. Quieren ver a* sus amigos, Ana y José.

El taxi está ya en la puerta. Lucía está nerviosa. Busca su pasaporte, pero no lo encuentra. Busca los billetes del avión, pero no los encuentra. Busca la dirección de sus amigos, pero no la encuentra. Todo está en su bolso, pero Lucía no lo encuentra.

«¡Qué nerviosa estás, Lucía! –le dice su marido–. Ahí está tu bolso, detrás de la puerta.»

* a, delante de acusativos de personas.

Ejercicios 6 E

1. Pero no *lo/la/los/las* encuentra.

Locutor Lucía busca su pasaporte.
Alumno Pero no lo encuentra.
Corrector Etc.

1. Lucía busca su pasaporte. 2. Busca los billetes del avión. 3. Busca la dirección de sus amigos. 4. Busca las revistas. 5. Busca su bolso. 6. Busca a su marido.

2. Diálogo sobre el texto 6 D
(a dónde, a quién, qué, a qué, cómo ...)

A. Lucía y Gonzalo no van a Alemania.
B. ¿A dónde van?
A. Van a Francia.

1. Lucía y Gonzalo no van a Alemania. 2. No van a trabajar. 3. No quieren ver Lion. 4. No quieren ver a Juan. 5. No van en autobús. 6. Lucía no está tranquila. 7. Gonzalo no es nervioso.

3. Lectura de números

1	2	3	4
un(o),-a	dos	tres	cuatro
ciento	doscientos, -as	trescientos, -as	cuatrocientos, -as
100	200	300	400

5	6	7
cinco	seis	s*i*ete
quinientos, -*as*	seiscientos, -as	setecientos, -as
500	600	700

8	9	110 pts
ocho	n*u*eve	*ciento diez* pesetas.
ochocientos	novecientos	*cien* pesetas
800	900	100 pts.

43

Lección septima

Andrés, desde la oficina 7A

Encima de la mesa se ven muchas cosas:
papeles, sobres, lápices, un bolígrafo,
una pluma, una caja de cerillas, un cenicero ...
Debajo de la mesa se ve una botella de
agua mineral. Andrés llama por teléfono
a Petra. Marca el número 9-5-0-8-0-9

Andrés Nueve ... cinco ... cero ... ocho ...
Petra (Deja el libro y el lápiz sobre
el sofá, y coge el teléfono.)
¡Diga! ... ¡Dígame!
Andrés ¡Hola, Petra! ¿Qué tal estás?
Petra ¿Con quién hablo, por favor?
Andrés Soy yo, ¿no me conoces?
Petra ¡Ah ...! ¡Claro que te conozco!
¿Cómo estás, Andrés?

Andrés Muy bien, gracias. ¿Y tú?
Petra Bien..., un poco cansada.
Andrés ¿Qué dices? ¡No te oigo!
Petra ¡Digo que estoy cansada!
Andrés ¿Cansada? ¿De qué?
Petra ¿De qué puede ser? ¡De estudiar!
De leer y escribir
textos fonéticos absurdos.
Andrés ¿Qué haces ahora?
Petra ¿Qué hago?
Andrés Sí, ¿qué estudias?
¿Qué textos lees y escribes?
Petra Practico la fonética
de la **g** (ge) y de la **j** (jota).
Tengo aquí un trozo que habla
de la hija de un general que tiene
un ojo de cristal.
Andrés ¡Qué cosas! ¿Me lo lees?
Petra Luego, esta tarde te lo leo.

Esquema gramatical 7B

1. Verbos en *-ar, -er, -ir*

	habl*ar*	le*er*	escrib*ir*
yo	hablo	leo	escribo
tú	hablas	lees	escribes
usted / *él, ella*	habla	lee	escribe

2. Verbos irregulares

	hacer	decir	oír	ver	conocer
yo	hago	digo	oigo	veo	conozco
tú	haces	dices	oyes	ves	conoces
usted / *él, ella*	hace	dice	oye	ve	conoce

3. Orden de las palabras en la frase

—¿No me conoces? —¿Me lo lees?
—Claro que te conozco. —Esta tarde te lo leo.

4. qué/que

qué **a)** ¿Qué haces? ¿Qué dices?   *(¿qué? + verbo)*
¿De qué puede ser?
b) ¿Qué textos lees?   *(¿qué? + substantivo)*
c) ¡Qué cosas!   *(¡qué! + substantivo)*
d) ¡Qué nervioso(-a) estás!   *(¡qué! + adjetivo)*

que **a)** Digo que estoy cansada.   *(que, conjunción)*
Claro que te conozco.
b) ... un texto que habla   *(que, pronombre re-*
de un general que tiene ...   *lativo)*

5. Forma impersonal

Encima de la mesa **se ven** mucha**s** cosa**s**.
Debajo de la mesa **se ve**   **una** botella.

Ejercicios 7C

1. Vocabulario *(esto/eso)*

A. *presenta objetos y pregunta:* ¿Qué es esto?
B. *contesta:* Eso es un(una) ... / Eso son ...

1. un lápiz   2. bolígrafos   3. una pluma   4. cerillas

5. un sobre   6. una carta   7. sellos de correo   8. un periódico

2. Conversación sobre la ilustración del texto *7A*
En la oficina de Andrés

1. ¿Qué se ve encima de la mesa? 2. ¿Qué hay en la caja grande? 3. ¿Qué hay en la caja pequeña? 4. ¿Dónde está el periódico? 5. ¿Qué hay encima del periódico? 6. ¿Dónde están los sobres? 7. ¿Qué hay debajo del cenicero? 8. ¿Qué se ve debajo de la mesa? 9. ¿Dónde está la pluma?

3. Luego, esta tarde *lo .../la .../los .../las ...*

A. ¿No escribes la carta?
B. Luego, esta tarde *la* escribo.

1. ¿No escribes la carta? 2. ¿No lees el periódico? 3. ¿No oyes este disco? 4. ¿No miras las fotografías? 5. ¿No ves las fotos? 6. ¿No estudias la lección? 7. ¿No haces los ejercicios? 8. ¿No contestas las preguntas? 9. ¿No terminas la carta?

4. Lectura de números de teléfono

a) 2-5-0-7-9-3   b) 6-8-5-4-0-9   c) 7-9-0-4-1-5
d) 3-8-4-0-6-1   e) 9-7-0-5-2-4   f) 8-4-7-9-0-6

5. Conversación sobre el texto 7 A

Locutor   ¿Qué hace Andrés?
Alumno   Llama por teléfono.
Corrector Etc.

1. ¿Qué hace Andrés? 2. ¿Desde dónde llama? 3. ¿A quién llama? 4. ¿Dónde está Petra? 5. Petra coge el teléfono y dice . . . ¿Qué dice? 6. ¿Cómo saluda Andrés a Petra? 7. ¿Qué hace Petra en casa? ¿Qué practica? 8. ¿De quién habla el texto fonético que lee Petra? 9. Andrés pregunta a Petra: «¿Me lees el texto?» ¿Qué le contesta Petra?

6. Diálogo

A. ¿No me conoces?
B. Claro que te conozco.

1. ¿No me conoces? 2. ¿Me oyes? 3. ¿Me entiendes? 4. ¿No me saludas? 5. ¿Me esperas? 6. ¿Me ves? 7. ¿No me contestas? 8. ¿No me lo dices? 9. ¿Vuelves mañana?

7. Conversación sobre la ilustración del texto 7 A
En el apartamento de Petra

Locutor   ¿Qué hay encima del sofá?
Alumno   Encima del sofá hay un libro y un lápiz.
Corrector Etc.

1. ¿Qué hay encima del sofá? 2. ¿Qué se ve debajo del sofá? 3. ¿Qué hay delante del sofá? 4. ¿Qué hay encima de la mesa? 5. ¿Qué hay detrás del sofá? 6. ¿Qué hace Petra, ve la televisión? 7. ¿Con quién habla Petra? 8. ¿Qué le dice?

8. ¿Qué dices, que. . .?

A. No te oigo.
B. ¿Qué dices, que no me oyes?

1. No te oigo. 2. No te entiendo. 3. No te veo. 4. No te espero. 5. Esta tarde te escribo. 6. Mañana te llamo por teléfono. 7. Vuelvo en seguida.

9. Lectura de números. *(Ver 5 E 3 y 6 E 3)*

a) 100 pts.	b) 100 francos	c) 110 pts.	d) 120 francos
e) 200 pts.	f) 200 francos	g) 220 pts.	h) 330 francos
i) 550 pts.	j) 550 francos	k) 707 pts.	l) 707 francos
m) 900 pts.	n) 909 francos	ñ) 505 pts.	o) 505 marcos

Lectura 7D

Por correo urgente

La hija del viejo General del ojo de cristal viaja por Argentina con un ingeniero joven, guapo, elegante, inteligente, amigo y consejero de un alto dirigente.

Desde la conserjería de un hotel de lujo de la ciudad de San Juan, la hija del General manda a su padre por correo aéreo y urgente una tarjeta postal:

«¿Cómo está usted, papá? Yo estoy bien, gracias a Dios, y el ingeniero también.»

Ejercicios 7E

Conversación sobre el texto 7D

A. ¿Quién viaja?
B. La hija del General.

1. ¿Quién viaja? 2. ¿Cómo es el General, joven? 3. ¿Con quién viaja su hija, con un arquitecto? 4. ¿Cómo es el ingeniero? 5. ¿De quién es amigo y consejero? 6. ¿Por dónde viajan, por Méjico? 7. ¿Dónde están ahora, en Buenos Aires? 8. ¿Qué hace la hija del General, llama a su padre por teléfono? 9. ¿Desde dónde manda la tarjeta postal? 10. ¿Cómo manda la tarjeta, por correo normal?

Lección octava

¿Hablan ustedes castellano? 8A

Castilla es una región de España,
como Cataluña, Galicia o Andalucía.
Pero las dos «l» (eles) de «Castilla»
no son la «l» (ele) de «Cataluña»,
ni la «l» de «Galicia» o «Andalucía».
Las dos «l» de «Castilla»
no son dos «l», son una «ll» (elle).

¿Cómo se pronuncia la «ll»?
Muchos españoles y sudamericanos
pronuncian la «ll» de «Castilla»
como la «y» (i griega) de «playa»:
escriben «Castilla», «Mallorca» y «Sevilla»,
pero leen «Castiya», «Mayorca» y «Seviya».

La lengua de Castilla es el castellano,
el idioma oficial del Estado Español.
El castellano o español es también
idioma oficial en diecinueve naciones
de la América Latina.
¿Y ustedes no hablan el castellano?
¿No lo leen? ¿No lo escriben?

—No, no lo hablamos, ni lo leemos,
ni lo escribimos, porque no somos
españoles, ni uruguayos, ni paraguayos,
ni cubanos, ni mejicanos, ni argentinos ...

—¿Qué son ustedes? ¿De dónde son ustedes?
—De Alemania, de Francia, de Inglaterra,
de Austria, de Italia, de Suecia, de Suiza ...
De cualquier país, pero no de España,
ni de la América Latina.

1. Méjico
2. Guatemala
3. Honduras
4. El Salvador
5. Nicaragua
6. Costa Rica
7. Panamá
8. Cuba
9. República Dominicana
10. Puerto Rico
11. Venezuela
12. Colombia
13. Ecuador
14. Perú
15. Bolivia
16. Paraguay
17. Uruguay
18. Argentina
19. Chile

Esquema gramatical   8 B

1. **Verbos en *-ar, -er, -ir***

	habl*ar*	le*er*	escrib*ir*
yo	hablo	leo	escribo
tú	hablas	lees	escribes
usted, él, ella	habla	lee	escribe
ustedes, ellos,-as	hablan	leen	escriben
nosotros,-as	hablamos	leemos	escribimos

2. **Observe usted en los verbos irregulares la regularidad de la *primera persona plural* («nosotros»)**

qu*e*rer	v*o*lver	t*e*ner	d*e*cir	oír
quiero	vuelvo	tengo	digo	oigo
quieres	vuelves	tienes	dices	oyes
quiere	vuelve	tiene	dice	oye
quieren	vuelven	tienen	dicen	oyen
queremos	volvemos	tenemos	decimos	oímos

Pero: nosotros *somos* (ser)

3. **Naciones, nacionalidades, idiomas**

España	español(es)	Italia	italiano(s)
	española(s)		italiana(s)
Alemania	alemán(-anes)	Suecia	sueco(s)
	alemana(s)		sueca(s)
Francia	francés(-eses)	Suiza	suizo(s)
	francesa(s)		suiza(s)
Inglaterra	inglés(-eses)	Austria	austríaco(s)
	inglesa(s)		austríaca(s)
Observe:	América		americano(s)
	pero: **La** América Latina		americana(s)

Ejercicios 8 C

1. somos/estamos

Locutor ¿Son ustedes castellanos(-as)?
Alumno No, no somos castellanos(-as).
Corrector No, no somos castellanos(-as).
Todos No, no somos castellanos(-as).

1. ¿Son ustedes castellanos(-as)? 2. ¿Son ustedes españoles(-as)? 3. ¿Son ustedes chilenos(-as)? 4. ¿Son ustedes cubanos(-as)? 5. ¿Son ustedes de Argentina? 6. ¿Son ustedes de Méjico (México)? 7. ¿De dónde son ustedes? 8. ¿Qué son ustedes? 9. ¿Dónde están ustedes?

2. ... a / de / con un amigo.

Locutor ¿A quién esperan (ustedes)?
Alumno Esperamos a un amigo.
Etc.

1. ¿A quién esperan (ustedes)? 2. ¿De quién hablan? 3. ¿A quién llaman? 4. ¿Con quién desean hablar? 5. ¿A quién escriben? 6. ¿A quién contestan? 7. ¿A quién mandan la carta? 8. ¿A quién quieren mandar la carta? 9. ¿A quién quieren mandar la tarjeta postal?

3. - amos/- emos/- imos

Locutor ¿Están ustedes en Castilla?
Alumno No, no estamos en Castilla.
Etc.

1. ¿Están ustedes en Castilla? 2. ¿Hablan (ustedes) castellano? 3. ¿Comprenden el (idioma) castellano? 4. ¿Entienden la lengua castellana? 5. ¿Conocen la América Latina? 6. ¿Tienen libros de Latinoamérica? 7. ¿Tienen revistas de Sudamérica? 8. ¿Leen periódicos sudamericanos? 9. ¿Oyen «Radio Caracas»?

4. Diálogo

A. ¿En España se habla francés, o inglés?
B. Ni francés, ni inglés. En España se habla español.

1. ¿En España se habla francés, o inglés? 2. ¿En Francia se habla alemán, o inglés? 3. ¿En Inglaterra se habla francés, o italiano? 4. ¿En Italia se habla sueco, o alemán? 5. ¿En Austria se habla castellano, o sueco? 6. ¿Cuántos idiomas se hablan en Suiza? 7. ¿En cuántos países latinoamericanos es el castellano idioma oficial?

5. Conversación (-emos/-imos)

A. ¿Quieren (ustedes) oír un disco?
B. Sí, queremos oír un disco.
 O: No, no queremos oír un disco.

1. ¿Quieren (ustedes) oír un disco? 2. ¿Quieren ver diapositivas de España? 3. ¿Tienen diapositivas de España? 4. ¿Tienen discos de cantantes españoles? 5. ¿Oyen música española? 6. ¿Ven la televisión española? 7. ¿Tienen televisión en casa? 8. ¿Hacen los ejercicios en casa? 9. ¿Los escriben?

6. El alfabeto y el deletreo de palabras

a	– a	f	– efe	l	– ele	p	– pe	v	– uve
b	– be	g	– ge	ll	– elle	q	– qu	w	– uve doble
c	– ce	h	– hache	m	– eme	r	– ere	x	– equis
ch	– che	i	– i	n	– ene	s	– ese	y	– i griega
d	– de	j	– jota	ñ	– eñe	t	– te	z	– zeta
e	– e	k	– ka	o	– o	u	– u		

CONFERENCIAS INTERURBANAS

A.—Antonio.	H.—Historia.	N.—Navarra.	T.—Tarragona.
B.—Barcelona	I.—Inés.	Ñ.—Ñoño.	U.—Ulises.
C.—Carmen.	J.—José.	O.—Oviedo.	V.—Valencia.
Ch.—Chocolate	K.—Kilo.	P.—París.	W.—Washington.
D.—Dolores.	L.—Lorenzo.	Q.—Querido.	X.—Xiquena.
E.—Enrique.	LL.—Llobregat.	R.—Ramón.	Y.—Yegua.
F.—Francia.	M.—Madrid.	S.—Sábado.	Z.—Zaragoza.
G.—Gerona.			

Por ejemplo: BENLLOCH, se deletrea «B de Barcelona, E de Enrique, N de Navarra, LL de Llobregat, O de Oviedo, y CH de Chocolate.»

A. Por favor, el número de teléfono del señor *Chano* García ...
B. ¿Cómo dice?
A. Cha-no: «che» de Chocolate, «a», de Antonio, «ene» de Navarra y «o» de Oviedo.

1. *Chano* García, Luis. 2. *Llopis* Pérez, Luisa. 3. *Quindos* López, José. 4. *Guindos* Lafuente, María. 5. *Vayo* Morales, José.

Lectura   8 D

Algunas regiones o naciones de España

España es un país de la Europa Meridional, con treinta y siete millones de habitantes. El idioma oficial del Estado Español es el castellano. Pero en España se hablan también otros idiomas: el catalán, en Cataluña; el vascuence, en el País Vasco; el gallego, en Galicia.

Cataluña, Vascongadas y Galicia están en el norte de España: Cataluña, en el noreste; Galicia, en el noroeste. En el sur de España, los andaluces hablan un castellano dialectal.

Andalucía, como Galicia, es una región agrícola. Cataluña y Vascongadas son regiones industriales. ¿Regiones, o naciones? ¡Naciones!, dicen los autonomistas. ¡Regiones!, dicen los centralistas.

Se dice que los castellanos son serios; los andaluces, alegres; los catalanes, disciplinados; los vascos, fuertes; y los gallegos, sentimales. Eso se dice. Eso dicen.

Ejercicios   8 E

Conversación sobre el texto *8 D*

Locutor ¿Dónde está España?
Alumno España está en el suroeste de Europa.
Corrector Etc.

1. ¿Dónde está España? 2. ¿Cuántos habitantes tiene España? 3. ¿Qué idioma se habla en España como idioma oficial? 4. ¿Qué otros idiomas se hablan en España? 5. ¿Dónde se habla el catalán? 6. ¿Qué se dice de los catalanes? 7. ¿Es Cataluña un país agrícola? 8. ¿Dónde está el País Vasco? 9. ¿Qué se dice de los vascos? 10. ¿Qué se dice de los andaluces? 11. ¿Dónde está Andalucía? 12. ¿Dónde está Galicia? 13. ¿Qué se dice de los gallegos? 14. ¿Qué idioma se habla en Galicia? 15. ¿Qué se dice de los castellanos?

Lección novena

**En el taxi,
con Lucía, Gonzalo y el taxista**

9 A

Taxista ¿A dónde van, a la estación?
Gonzalo No, vamos al aeropuerto:
 salida de vuelos internacionales.
Lucía Salimos demasiado tarde, Gonzalo.
 ¿Crees que llegamos a tiempo?
Gonzalo Sí, mujer, es bastante temprano.
Lucía ¿Qué hora es?
Gonzalo Yo tengo las once y cuarto.
 (Al taxista) ¿Tiene usted hora?
Taxista Son exactamente
 las once y trece minutos.
 ¿A qué hora sale su avión?
Gonzalo A las doce menos cinco.
Taxista Tienen tiempo.
Lucía ¿Está muy lejos el aeropuerto?

Taxista Está cerca.
Lucía ¿Cuánto tiempo se tarda en ir?
Taxista Unos quince minutos.
Por la autopista se llega pronto.
....
Taxista Ya estamos aquí.
Lucía ¡Las once y media! ¡Qué tarde!
Gonzalo *(Al taxista)* ¿Cuánto le debo?
Taxista Trescientas treinta pesetas.
Gonzalo Cuatrocientas.
Taxista Diez, veinte, treinta, cuarenta,
cincuenta, sesenta y setenta:
la vuelta.... Y sus maletas.
Gonzalo Muchas gracias.
Taxista A ustedes, señores. Buen viaje.

Esquema gramatical 9 B

1.

	salir	llegar	ir
yo	salgo	llego	voy
tú	sales	llegas	vas
él/ella, usted	sale	llega	va
ellos/-as, ustedes	salen	llegan	van
nosotros/-as	salimos	llegamos	vamos

2.
un minuto   una hora
unos quince minutos   unas quince horas

3.
0 – cero	10 – diez	20 – veinte
1 – uno,-a	11 – once	21 – veintiuno,-a
2 – dos	12 – doce	22 – veintidós
3 – tres	13 – trece	30 – treinta
4 – cuatro	14 – catorce	40 – cuarenta
5 – cinco	15 – quince	50 – cincuenta
6 – seis	16 – dieciséis	60 – sesenta
7 – siete	17 – diecisiete	70 – setenta
8 – ocho	18 – dieciocho	80 – ochenta
9 – nueve	19 – diecinueve	90 – noventa

100 – *cien*   (cien pesetas, cien francos, cien marcos)
100 – *ciento* (delante de números: ciento diez pesetas;
         pero: cien mil marcos, cien millones de pesetas)

Observe: veinte, veintiuno, veintidós, ...
         treinta y uno, ... cuarenta y dos, ...

4.
¿Qué hora es? –Es la una y cinco. (1h 5m)
2h + ¼ –Son las dos y cuarto.
2h + ½ –Son las dos y media.
2h – ¼ –Son las dos menos cuarto.
2h – 10 –Son las dos menos diez.

¿A qué hora sale el avión? –A la una y cinco.
                           –A las ocho menos cinco.

Ejercicios

9 C

1. El reloj y la hora. *¿Qué hora es?*

Son las siete de la mañana. Son las siete de la tarde. Es la una de la noche.

1. .... 2. .... 3. ....

4. .... 5. .... 6. ....

2. La hora oficial. *¿Qué hora es?*

Son las trece horas, quince minutos

  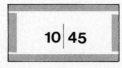

1. .... 2. .... 3. ....

4. .... 5. .... 6. ....

3. **Conversación sobre el texto** *9 A*

   A. ¿A dónde van Lucía y Gonzalo, a la estación?
   B. No, van al aeropuerto.

   1. ¿A dónde van Lucía y Gonzalo, a la estación? 2. ¿Cómo van al aeropuerto, en su coche? 3. ¿Por dónde van al aeropuerto? 4. ¿A qué hora salen de su casa? (11¼). 5. Lucía dice que es muy tarde: ¿qué le contesta Gonzalo? 6. ¿A qué hora llegan al aeropuerto? (11½) 7. ¿Cuánto tiempo tardan en ir de su casa al aeropuerto? (15 m) 8. ¿A qué hora sale el avión? (12 − 5) 9. Ya están en el aeropuerto: ¿qué pregunta Gonzalo al taxista? 12. ¿Qué le contesta el taxista? (330 pts.) 13. El taxista dice: «La vuelta.» ¿Cuánto es la vuelta?

4. **Conteste usted en nombre de Lucía y Gonzalo:**

   A. ¿A dónde van ustedes, a la estación?
   B. No, vamos al aeropuerto.

   1. ¿A dónde van ustedes, a la estación? 2. ¿Cómo van ustedes al aeropuerto, en avión? 3. ¿Por dónde van (ustedes) al aeropuerto? 4. ¿A qué hora salen de casa? (11¼) 5. ¿A qué hora llegan al aeropuerto? (11½) 6. ¿Cuánto tiempo tardan en ir?

5. **La *Guía telefónica:* lectura de números**

   29 51 34 veintinueve − cincuenta y uno − treinta y cuatro.

RENFE
RED NACIONAL DE LOS
FERROCARRILES
ESPAÑOLES
Estación, s/n *22 37 04
INFORMACION
ESTACION *22 37 04
TAQUILLAS DE BILLETES 22 64 90
VENTA ELECTRONICA
BILLETES 23 44 87
TRANSPORTES
CARRETERA
Renueva, 38 .... 23 02 75

RESTAURANTE
CASA POZO
Arco de Animas, 3 .... { 23 71 03
                              −22 30 39
RESTAURANTE CASA TEO
 − Av. Castilla, s/n .... −22 30 05
RESTAURANTE CASA TEP
 − Av. Castilla, ... −22 30 05

Restaurante Covadonga
 − Fajeros, 4 .... 22 51 07
RESTAURANTE EL DOS DE
MAYO
 − Rúa, 5 .... −23 71 86

6. SIGNOS CONVENCIONALES

Diario, incluso domingo.	✱	Servicio de Clase Económica o Turista	} Y ó T
Diario, excluido domingo.	✵	Servicio de Primera Clase.	F
Lunes.	①	Servicio combinado de Primera Clase y Económica/Turista.	} F/Y
Martes.	②		
Miércoles.	③		
Jueves.	④	Servicio combinado de Clase Económica/Turista y Carga.	} C/Y
Viernes.	⑤		
Sábado.	⑥	Servicio nocturno.	N
Domingo.	⑦	Escala técnica.	E. T.
Llegada.	Lle.	No admite tráfico local entre.	⌛
Salida.	Sal.	Desayuno.	⌑
		Refrescos o refrigerio	⚱
		Almuerzo o cena.	✕

SEVILLA ● ALICANTE ● VALENCIA ● IBIZA ● PALMA DE MALLORCA ● BARCELONA ● SANTIAGO DE COMPOSTELA ● BILBAO → PARIS

Hasta el 25 junio	①③ ⑤⑦	①③ ⑤	–	✱	✱	✱ exc.⑥	⑥
Del 26 al 30 junio	①③ ⑤⑦	①③ ⑤	⑤⑦	✱	✱	✱ exc.⑥	⑥
Del 1 julio al 25 septiembre	✱	①③ ⑤	⑤⑦	✱	✱	✱ exc.⑥	⑥
Del 26 al 30 septiembre	✱	①③ ⑤	–	✱	✱	✱ exc.⑥	⑥
Del 1 al 31 octubre	①③ ⑤⑦	①③ ⑤	–	✱	✱	✱ exc.⑥	⑥

								(A)	(A)
SEVILLA	Sal.	15.00*	....	....	....	....	....	....	....
ALICANTE	Sal.	↓	09.30*	12.15* ✕	....	....	....	....	....
VALENCIA	Lle. Sal.	16.00* 16.45* ⚱			....	....	....	....	....
IBIZA	Sal.	↑			09.00*	....	....	....	....
PALMA DE MALLORCA	Lle. Sal.				09.30* 10.10* ⚱	.... 17.05*	.... 19.20 ✕	.... 19.20 ✕	
BARCELONA	Lle. Sal.		10.20* 11.10* ⚱			17.20* 18.20* ⚱			
SANTIAGO	Sal.								
BILBAO	Lle. Sal.								
PARIS (Orly)	Lle.	18.25*	12.45*	14.05*	11.55*	19.55*	21.05	21.20	

PARIS

61

Lectura 9 D

¿ Desde Valencia, o desde Alicante ?

Antonio vive en Denia, una ciudad entre Valencia y Alicante. Quiere hacer un viaje a París. Pide información en una agencia de viajes de Denia.

—¿ Qué días hay vuelos a París ?
—Desde Valencia tiene usted vuelos todos los días; y desde Alicante... Un momento. *(La empleada consulta el horario de vuelos.)* Mire: los vuelos de Valencia son diarios hasta el 30 de septiembre; y los de Alicante salen los lunes, miércoles, viernes y domingos.
—¿ Son vuelos directos ?
—Los de Valencia, sí; pero los de Alicante hacen escala en Barcelona. Salen de Alicante a las 9.30, llegan a Barcelona a las 10.20, salen de allí a las 11.10 y llegan a París a las 12.45. ¿ Ve usted ?
—Los días, sí; pero las horas, no.
—Mire: estos números pequeñitos dentro del círculo indican los días de la semana. El ① es el lunes, el ② es el martes... ¿ Ve ? Los martes, jueves y sábados no hay vuelos desde Alicante. En la primera página del prospecto tiene la explicación de los signos.
—Gracias. ¿ Puedo quedarme con el prospecto ?
—Sí, señor. Puede quedarse con él.

Ejercicios 9 E

1. Interprete usted el horario de vuelos de la página 61

A. ¿Qué días hay vuelos de Sevilla a París?
B. Hasta el día 30 de junio hay vuelos los lunes, miércoles, viernes y domingos. Del 1 de julio al 30 de septiembre los vuelos son diarios.

1. ¿Qué días hay vuelos de Sevilla a París? 2. ¿Dónde hacen escala los vuelos de Sevilla a París? 3. ¿A qué hora sale el avión de Sevilla y a qué hora llega a París? 4. ¿Cuánto tiempo se tarda en ir en avión de Sevilla a París? 5. El vuelo Sevilla–París hace escala en Valencia: ¿a qué hora llega a Valencia y a qué hora sale de allí? 6. ¿Qué días hay vuelos de Alicante a París? 7. ¿Dónde hacen escala? 8. ¿A qué hora salen de Alicante? 9. ¿A qué hora llegan a Barcelona? 10. ¿Qué servicios tienen los vuelos de Alicante a París? Etc., etc.

2. Conteste usted en nombre de Lucía o de Gonzalo: *(Texto 9 A)*

A. ¿A dónde *va* usted, a la estación?
B. No, *voy* al aeropuerto.

1. ¿A dónde va usted, a la estación? 2. ¿Cómo va al aeropuerto, en su coche? 3. ¿A qué hora sale de su casa? (11¼) 4. ¿A qué hora llega usted al aeropuerto? (11½) 5. ¿Cuánto tiempo tarda en ir de su casa al aeropuerto? (¼ de h.) 6. ¿Por dónde va usted al aeropuerto?

3.

Los meses del año	enero	febrero	marzo
	abril	mayo	junio
	julio	agosto	septiembre
	octubre	noviembre	diciembre

Lección decima

La r (ere) y la rr (erre) de Petra 10 A

*Desanimada, Petra deja el libro
de español sobre la mesa, pone la radio
y se sienta en el sofá junto a Andrés.*

Petra   No puedo, Andrés.
         No puedo pronunciar la r.
         ¡No puedo pronunciarla!
         ¡No la puedo pronunciar!
Andrés   Es muy fácil.
Petra   ¡Es muy difícil!
Andrés   ¿Por qué no pruebas otra vez?
         Di: Petra y Andrés.
         ¡Prueba!
Petra   Ya no pruebo más.
Andrés   ¡Bravo! ¡Muy bien!
Petra   ¿De veras?

Andrés De veras, no es broma.
Repite estas palabras:
broma, bravo, pronto.
Petra Broma, bravo, pronto.
Andrés Di: un abrazo.
Petra Un abrazo.
(..........................)
¡Imbécil! ¡Tonto!
Andrés Es una broma...
Di: un tren, cuatro trenes.
Petra ¡No quiero!
Andrés Bueno, lee otra vez
el trozo fonético de la **r**.
Petra ¡No quiero leerlo!
Andrés Bueno, lo leo primero yo,
y después lo lees tú. ¿Vale?
Petra De acuerdo: léelo.
Pero antes, quita la radio:
la música me molesta.

Esquema gramatical 10 B

1. Tres verbos irregulares

pr*o*bar	p*o*der	rep*e*tir
pr*ue*bo	p*ue*do	rep*i*to
pr*ue*bas ¡pr*ue*ba!	p*ue*des	rep*i*tes ¡rep*i*te!
pr*ue*ba	p*ue*de	rep*i*te
pr*ue*ban	p*ue*den	rep*i*ten
pr*o*bamos	p*o*demos	rep*e*timos

2. El imperativo regular de *tú*; forma afirmativa

habl*ar*	le*er*	escrib*ir*
¡habl**a** (tú)!	¡le**e** (tú)!	¡escrib**e** (tú)!

3. Orden de las palabras en la frase

No puedo pronunciar la **r**	No quiero leer el **texto**

No *la* puedo pronunciar,
o: No puedo pronunciar*la*.
   ¡Pronúncia*la*!
	No *lo* quiero leer,
	o: No quiero leer*lo*.
	   ¡Lée*lo*!

Observe usted la *tilde* ('):	
¡Pron*u*ncia la «r»! ¡Pron*ú*nciala.	¡Lee el dictado! ¡Léelo!

4. Fonética

a) Observe en el texto 10 D la diferencia entre **r** y **d**, **r** y **rr**, **d** y **t**, **p** y **b** o **v** (*v* = *b*).

b) La **n** delante de **b** o **v** se pronuncia como **m**: conversación (= com**b**ersación).

c) La **r** al principio de palabra se pronuncia como la **rr**: retraso, rubio, ferrocarril.

Ejercicios 10 C

1. Conversación sobre el texto *10 A*

1. Petra está desanimada: ¿por qué? 2. ¿Dónde deja el libro de español? 3. ¿Dónde y junto a quién se sienta? 4. ¿Qué hace antes? 5. ¿Dónde está sentado Andrés? 6. Petra deja el libro sobre la mesa y pone la radio: ¿qué hace después? 7. Andrés dice que es muy fácil: ¿qué es muy fácil? 8. ¿Qué dice Petra? 9. Andrés y Petra leen otra vez el trozo fonético: ¿quién lo lee primero y quién lo lee después? 10. Antes Andrés quita la radio: ¿por qué?

2. Ya no . . . más

A. Escribe otra carta.
B. Ya no escribo más cartas.

1. Escribe otra carta. 2. Manda otra tarjeta. 3. Espera. 4. Pregunta. 5. Llama otra vez por teléfono. 6. Prueba otra vez.

3. Diálogo

A. (Él/ella) no quiere leer el texto.
B. ¿Y tú quieres leerlo?
A. Yo sí lo quiero leer.
B. Léelo.

1. (Él/ella) no quiere leer el texto. 2. No quiere repetir las palabras. 3. No quiere probar otra vez. 4. No puede terminar los ejercicios. 5. No puede pronunciar la «r». 6. No quiere quitar la radio.

4. Lo contrario de   *fácil*   *cerca*   *grande* . . .
               es *difícil*   *lejos*   *pequeño, -a* . . .

A. Su apartamento (de usted) es muy grande.
B. ¿Muy grande? ¡No! Es muy pequeño.

1. Su apartamento (de usted) es muy grande. 2. Usted vive muy lejos de aquí. 3. La casa donde usted vive es muy baja. 4. El idioma que usted aprende es muy fácil. 5. Su profesor(a) es muy viejo(-a). 6. Usted es muy nervioso(-a). 7. Ustedes están muy nerviosos(-as).

5. Diálogo

A. ¿Por qué no alquilan ustedes *otro apartamento*?
B. Porque no podemos alquilar*lo*.
A. ¿Que no pueden alquilar*lo*?
B. No, no *lo* podemos alquilar.

1. ¿Por qué no alquilan ustedes otro apartamento? 2. ¿Por qué no

buscan otro trabajo? 3. ¿Por qué no aprenden idiomas? 4. ¿Por qué no estudian otra lengua? 5. ¿Por qué no practican el castellano? 6. ¿Por qué no leen periódicos españoles? 7. ¿Por qué no oyen la radio? 8. ¿Por qué no ven la televisión española? 9. ¿Por qué no van a España? 10. ¿Por qué no hacen un viaje por América? 11. ¿Por qué no piden un crédito? (pedir)

Lectura 10 D
La carta misteriosa

En la barra del bar «La Parra», cerca de la estación de ferrocarril, Berta y Petra conversan con Andrés sobre el retraso que siempre trae el tren.

Detrás de la barra, el camarero, un hombre moreno de cara triste, prepara unas bebidas para cuatro turistas rubios que están sentados en la terraza.

En la pared, detrás del camarero, hay un cuadro. Es el retrato de un torero. Hay también un cartel que anuncia una corrida de toros de la feria de Sevilla.

Entra en el bar un cartero, con la cartera llena de cartas, ve a Petra en la barra y le entrega un sobre cerrado sin remite y sin sellos de correo. Dentro del sobre hay una carta sin firma.

Ejercicios 10 E

1. Conversación sobre el texto *10 D*

1. ¿Dónde están Petra y Berta? 2. ¿Dónde está el Bar LA PARRA? 3. ¿Con quién conversan Petra y Berta? 4. ¿Sobre qué conversan? 5. ¿Quién entra en el bar? 6. ¿Qué trae? 7. ¿Dónde trae las cartas, en una bolsa de plástico? 8. ¿A quién ve el cartero y qué le entrega? 9. ¿Dónde está el camarero? 10. ¿Cómo es el camarero? 11. ¿Qué hace? 12. ¿Para quién son las bebidas que prepara? 13. ¿Dónde están sentados los cuatro turistas? 14. ¿Qué hay en la pared, detrás del camarero?, ¿un cuadro solamente? 15. ¿De quién es el retrato del cuadro? 16. ¿Qué anuncia el cartel? 17. ¿Conoce usted Sevilla? 18. ¿Dónde está Sevilla, en el norte de España?

2. Corrija usted *(Texto 10 D)*

A. El cartero sale del bar.
B. No, el cartero entra en el bar.

1. El cartero sale del bar. 2. Entrega a Petra un sobre con sellos de Argentina. 3. Dentro del sobre hay una tarjeta postal de un amigo de Andrés. 4. Petra y Berta hablan sobre los turistas. 5. Los turistas están sentados delante de la barra. 6. Petra está sentada en la terraza.

3. Lectura de números

a) 777 pesetas b) 999 pesetas c) 555 pesetas

d) 515 marcos e) 105 pesetas f) 125 marcos

g) 1.333 pesetas h) 14.444 marcos i) 11.012 pesetas

Lección once

Una clase aburrida:
tenga usted paciencia

11 A

*El profesor, el señor Gross,
otro alumno de la clase y Petra.*

Profesor ¿Qué busca usted, señor Gross?
¡No busque tanto en
el diccionario! ¿Qué busca?

Sr. Gross Busco la palabra «tenga».

Profesor ¿Y por qué no pregunta? Pregunte usted. ¡Pregunte!

Sr. Gross ¿Qué significa «tenga»?

Profesor ¿Puede alguien responderle? ¿Quién le puede responder? (*Nadie responde.*) Respóndale usted, señorita Petra.

Petra «tenga» es el imperativo de «tener» en la forma de cortesía.

Profesor Exactamente: «yo tengo, tú tienes, usted tiene... ¡Tenga usted! ¡Tenga! Yo hago, tú haces, usted hace... ¡Haga usted! ¡Haga!» ¡Hagan ustedes el favor de escribir estas formas en sus cuadernos!
....

Profesor (*A un alumno.*) Y usted ¿por qué no escribe? (*Impaciente.*) ¡Escriba usted también estas formas!

El alumno No tengo bolígrafo.

Profesor Tome, aquí tiene el mío: tenga.

Esquema gramatical 11B

1. El imperativo afirmativo

	pregunt*ar*	respond*er*	escrib*ir*
(tú)	pregunta	responde	escribe
(usted)	pregunte	responda	escriba
(ustedes)	pregunten	respondan	escriban

Cambios ortográficos

¿Qué bus**ca** usted?   ¡**Coge** tus cosas! *(6A)*
¡No bus**que** tanto!   ¡**Coja** sus cosas!
¿Lle**ga** usted a tiempo?   ¿Por qué no se esfuer**za**?
¡Lle**gue** usted a tiempo!   *(Texto 11 D)*   ¡Esfuér**ce**se!

2. Imperativos irregulares: *forma de cortesía*

	tener	hacer	decir	oír
(usted)	teng*a*	hag*a*	dig*a*	oig*a*
(ustedes)	teng*an*	hag*an*	dig*an*	oig*an*

3. Nadie, nada, nunca, tampoco

Nadie responde.	= *No* responde *nadie*.
¿*Nada* desean?	= ¿*No* desean *nada*?
Nunca diga eso.	= *No* diga eso *nunca*.
Inés *tampoco* está.	= Inés *no* está *tampoco*.

4. Acusativo: lo, la *(5 B 4 y 10 B 3)*
    Dativo: le, le

La señora no **lo** espera. (No espera *al administrador*)
El portero   **la** saluda. (Saluda *a la señora*)

¿Puede alguien responder**le**? (*al alumno, a la alumna*)
¿Quién **le** puede responder?

Pregúnte**le** usted (*al profesor, a la profesora*).

Ejercicios 11 C

1. lo / la / los / las

A. ¿Dónde está mi bolígrafo?
B. Tenga, aquí lo tiene.

1. 2. 3. 4.

5. 6. 7. 8.

2. Repita usted las órdenes:

Locutor   ¡Entren, señores! ¡Entren!
Alumno   ¡Hagan (ustedes) el favor de entrar!
Corrector Etc.

1. ¡Entren, señores! ¡Entren! 2. ¡Espere, señora! ¡Espere! 3. ¡Pregunte, señor! ¡Pregunte! 4. ¡Responda, señorita! ¡Responda! 5. ¡Paguen, señores! ¡Paguen! 6. ¡Salgan, señores! ¡Salgan!

3. Forme usted frases imperativas con los verbos que se le dan:

(ver) Vea usted las fotos. Véalas.

1. (mirar)   2. (ver)   3. (oír)   4. (leer)

5. (escribir)   6. (escribir).   7. (saludar)   8. (preguntar)

4. Si quiere(n) hacerlo, haga(n)lo

A. ¿Esperamos *a Andrés*?
B. Si quieren (ustedes) esperar*lo*, espéren*lo*.

1. ¿Esperamos a Andrés? 2. ¿Lo llamo por teléfono? 3. ¿Entramos en el bar? 4. ¿Pago la cuenta? 5. ¿Pago a la camarera? 6. ¿Cogemos un taxi? 7. ¿Salgo a la calle? 8. ¿Alquilamos un coche? 9. ¿Dejamos aquí las cosas?

5. Nada. No . . . nada.

A. ¿Qué hace (usted)?
B. Nada. No hago nada.

1. ¿Qué hace (usted)? 2. ¿Qué dice? 3. ¿Qué desea? 4. ¿A quién llama? 5. ¿Con quién habla? 6. ¿Por quién pregunta? 7. ¿A quién pregunta?

6. Imperativo de *ir: forma de cortesía*

A. Quiero aprender español.
B. Vaya (usted) a una academia de idiomas.

1. Quiero aprender español. 2. Queremo aprender español. 3. Queremos cambiar moneda. (Banco) 4. Quiero ver a Petra. (su casa) 5. Quiero coger en seguida un avión para Barcelona. (aeropuerto)

Lectura

11 D

Sin esfuerzo no hay progreso

Si usted no habla, no puede aprender a hablar. Es difícil hablar en un idioma que apenas se conoce. Es difícil, pero es posible. Usted conoce ya muchas palabras. ¿Por qué no las emplea? ¡Empléelas! ¿Por qué no se esfuerza? ¡Esfuércese!

Es muy facil hacer una pregunta o dar una respuesta en el idioma propio. Es muy fácil, pero así no se progresa. Es muy fácil consultar el diccionario y decir: no pregunto, para no interrumpir la clase. Sí, eso dice usted. Eso dicen también sus compañeros.

Pero usted no interrumpe la clase cuando pregunta. Usted anima la clase cuando pregunta: la hace menos monótona, menos aburrida, más distraída. Entonces ¿por qué no pregunta? ¡Pregunte usted! Haga el favor de preguntar en español: ¿qué significa esto?, ¿cómo se dice esto otro? No diga nunca: mis compañeros ya lo saben. No piense eso nunca.

Ejercicios 11 E

1. **Hable usted de la clase de español:**
   Aquí tiene algunos puntos:

   a) aburrido,-a / distraído,-a / fácil / difícil
   hablar mucho / poco en español / ¿con quién?
   los compañeros / ¿cuántos? / el (la) profesor(a)
   preguntar / contestar, responder

   b) el viaje a la escuela
   en coche / tren / tranvía / autobús / metro
   vivir cerca / lejos de la escuela
   tardar mucho / poco tiempo en ir / ¿cuánto tiempo?
   salir de casa / llegar a la escuela / ¿a qué hora?

   c) preparar la clase / ¿dónde? / ¿cómo? / ¿cuánto tiempo? etc.

   d) el edificio y la sala de la clase
   alto,-a / bajo,-a / antiguo,-a / moderno,-a
   grande / pequeño,-a / viejo,-a / nuevo,-a
   la calle / ancho,-a / estrecho,-a / largo,-a
   animado,-a / tranquilo,-a

2. **De la GUIA TELEFONICA**

   ALMACENES URIA
   Tejidos y confecciones – Calzados
   General Gómez Núñez, 9
   Teléfono 72 83 95

   ALVAREZ FERNANDEZ, P. – Abogado
     Gran Vía, 29 .... 37 58 22
   ALVAREZ RODRIGUEZ, F. – Médico
     Avenida Dos de Mayo, 57 ..... 52 37 91
   FARMACIA GARCIA MARTIN
     Largo Caballero, 8 .... 38 57 29
   FERROCARRILES ESPAÑOLES
     RED NACIONAL –(Véase RENFE)
   INSTALACIONES ELECTRICAS ORTIZ
     Alcalá, 27 .... 48 92 33
   INSTITUTO DE BELLEZA LAIZ
     San Isidro, 71 .... 75 33 94
   INSTITUTO NACIONAL DE
     BACHILLERATO
     Av. del Campo, 7 .... 77 93 66

   grúas
   SERVICIO PERMANENTE
   PARTICULAR 35 18 14
   Av. San Ignacio de Loyola, 34 .. 72 88 15

   LIBRERIA CALDERON
     Plaza Mayor, 17 .... 92 11 12
   PELUQUERIA DE CABALLEROS
     PEDRO
     Av. Reyes Católicos, 3 .... 79 22 84
   PELUQUERIA DE SEÑORAS
     JUANITA
     Cisneros, 7 .... 85 77 73

   PERFUMERIA *Mimosa*
   SALON DE BELLEZA
   Calle Largo Caballero, 9 ..... 75 45 72

   PESCADERIA
   ALFREDO CAMPANERO
   PESCADOS FRESCOS Y
   CONGELADOS
   Calle Triana, 10 .... 24 35 46

   TALLER DE REPARACIONES DE
     AUTOMOVILES – Calatrava, 26 98 87 99
   TINTORERIA – LAVANDERIA
     BLANCA
     Plaza del Mercado, 1 .... 77 25 74
   ULTRAMARINOS EL INDIANO
     Cristóbal Colón, 5 .... 54 75 74

La famosa Giralda, torre de la catedral de Sevilla.

Lección doce

En el mostrador de facturaciones, con Lucía y Gonzalo

12 A

Lucía   ¡Cuánta gente!

Gonzalo   Hay mucha gente, sí.

Lucía   Hay que darse prisa:
quédate tú aquí, en la cola.
(*Ella se dirige al mostrador.*)
Usted perdone, señorita:
¿está anunciado el vuelo a París?

Srta.   Hace tiempo que está anunciado.
Déme su pasaje.

Lucía   Son dos. Tenga.

Srta.   Traigan pronto el equipaje.

Lucía	Espere... Un momento.
Srta.	Tienen que darse prisa.
Lucía	¡Gonzalo, trae las maletas! ¡Tenemos que darnos prisa! (*Gonzalo lleva las maletas y las pone junto al mostrador.*)
Srta.	Póngalas en la báscula. Son 47 kilos: tienen que pagar 720 pesetas (setecientas veinte) por exceso de peso.
Lucía	Gonzalo, dame 800 pesetas.
Gonzalo	Toma, mil.
Lucía	Tome, señorita. (*Le da mil pesetas.*)
Srta.	Tenga, doscientas ochenta. Y sus tarjetas de embarque. Es el vuelo novecientos nueve. Salida B, puerta tres. Tienen ustedes que embarcar inmediatamente.

Esquema gramatical 12 B

1.
yo	tengo	que dar**me** prisa
tú	tienes	que dar**te** prisa
él, ella, usted	tiene	que dar**se** prisa
ellos,-as, ustedes	tienen	que dar**se** prisa
nosotros,-as	tenemos que dar**nos** prisa.	

Forma impersonal: **hay** que dar**se** prisa

2. Verbos irregulares

traer		poner		dar	
tra**igo**		pon**go**		doy	
traes	¡trae!	pones	¡pon!	das	¡da!
trae	¡tra**ig**a!	pone	¡pon**g**a!	da	¡dé!
traen	¡tra**ig**an!	ponen	¡pon**g**an!	dan	¡den!
traemos		ponemos		damos	

traer/llevar: —¡Gonzalo, *trae* las maletas!
　　　　　　(Gonzalo *lleva* las maletas)
　　　　　　—*Traigan* pronto el equipaje.

poner: (Gonzalo *pone* las maletas junto al mostrador.)
　　　　—*Póngalas* en la báscula.

3. quedarse en / quedarse con
   dirigirse a

—Quédate tú aquí, en la cola.
　(Gonzalo se queda en la cola.)
　(Lucía se dirige al mostrador.)

　　　　—¿Puedo quedarme con el prospecto? (*9 D*)
　　　　—Puede quedarse con él.
　　　　(Antonio se queda con el prospecto.)

Ejercicios 12 C

1. Conversación sobre el texto *12 A*

1. ¿A dónde se dirige Lucía? 2. ¿Por qué no espera Lucía en la cola? 3. ¿Dónde se queda Gonzalo? 4. ¿Qué pregunta Lucía a la empleada del mostrador de facturaciones? 5. ¿Hace poco tiempo que está anunciado el vuelo a París? 6. ¿Qué pide la empleada a Lucía, su pasaporte? 7. ¿Qué lleva Gonzalo al mostrador? 8. Gonzalo pone el equipaje en el suelo y la empleada le dice ... ¿Qué le dice?

2. Si quiere(n) hacerlo, haga(n)lo

A. ¿Traigo *el coche* a la puerta?
B. Si quiere traer*lo*, tráiga*lo*.

1. ¿Traigo el coche a la puerta? 2. ¿Llevo las maletas al coche? 3. ¿Le traigo (a usted) una revista para el viaje? 4. ¿Llevo luego el coche al garaje? 5. ¿Pago los billetes? 6. ¿Le doy (a usted) la vuelta? 7. ¿Me quedo con la vuelta? 8. ¿Me quedo en el coche?

3. Pongalo/la ahí, ...

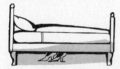

A. ¿Dónde pongo *los zapatos*?
B. Pónga*los* ahí, debajo de la cama.

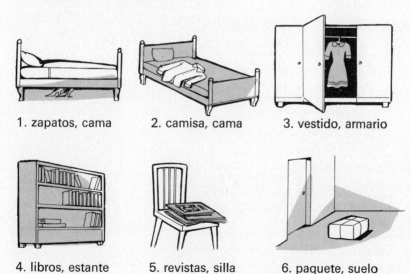

1. zapatos, cama   2. camisa, cama   3. vestido, armario

4. libros, estante   5. revistas, silla   6. paquete, suelo

4. Hay que + infinitivo

A. ¿Llamamos *al taxista*?
B. Sí, hay que llamar*lo*.

1. ¿Llamamos al taxista? 2. ¿Bajamos las maletas? 3. ¿Salimos ya de casa? 4. ¿Nos damos prisa? 5. ¿Llevamos el equipaje al mostrador? 6. ¿Preguntamos a la empleada?

5. Conversación sobre el texto *12 A*

1. ¿Cuánto pesa el equipaje? 2. ¿Cuánto tiene que pagar Lucía por exceso de peso? 3. ¿Cuánto dinero pide Lucía a Gonzalo? 4. ¿Cuánto dinero le da Gonzalo? 5. Gonzalo da el dinero a Lucía y le dice ... ¿Qué le dice? 6. Lucía da el dinero a la señorita y le dice... ¿Qué le dice? 7. La señorita da «el dinero de vuelta» (= la vuelta) a Lucía. ¿Cuánto le da? 8. Junto con el dinero la señorita da a Lucía... ¿Qué le da junto con el dinero? 9. ¿Qué tienen que hacer inmediatamente Lucía y Gonzalo? 10. ¿Por qué tienen que darse prisa? 11. Lucía y Gonzalo salen por... ¿Por dónde salen? ¿Por qué salida y por qué puerta?

6. Tienes que + infinitivo

A. Ya no espero más.
B. Tienes que esperar.

1. Ya no espero más. 2. Yo no me quedo aquí. 3. Yo no traigo el coche aquí. 4. Yo no llevo el coche al garaje. 5. Yo no vuelvo mañana. 6. Yo no voy al aeropuerto. 7. Yo no salgo hoy.

7. Ilustraciones del Ejercicio *3*

A. ¿Dónde pongo *los zapatos*?
B. Pon*los* ahí, debajo de la cama.

1. ¿Dónde pongo los zapatos? 2. ¿Dónde pongo las camisas? 3. ¿Dónde pongo los vestidos? 4. ¿Dónde dejo los libros? 5. ¿Dónde dejo las revistas? 6. ¿Dónde pongo el paquete?

8. Sí, tenemos que + infinitivo

A. ¿(Ustedes) se quedan aquí?
B. Sí, tenemos que quedarnos aquí.

1. ¿(Ustedes) se quedan aquí? 2. ¿Trabajan hoy? 3. ¿Van hoy a la oficina? 4. ¿Vuelven esta tarde a casa? 5. ¿Esperan aquí a los amigos? 6. ¿Salen esta noche con ellos?

Lectura 12 D

Pesadilla

El tiempo pasa,
y Gonzalo espera,
pero Lucía no llega.

En los lavabos
del aeropuerto,
Lucía se lava las manos,
      se arregla el pelo,
      se pinta los labios,
      se mira al espejo ...

¡Qué manos tan finas!
¡Qué pelo   tan negro!
¡Qué labios tan rojos!
¡Qué cara   tan linda!

El tiempo pasa,
y Lucía espera,
pero Gonzalo no llega ...

El avión despega,
y Lucía
      se queda
en tierra.

Ejercicios 12 E

Conversación sobre el texto *12 D* y la ilustración

1. Primero espera Gonzalo: ¿a quién espera? 2. ¿Dónde está Lucía? 3. ¿Qué hace Lucía en los lavabos, se lava el pelo? 4. ¿Cómo es el pelo de Lucía, rubio? 5. ¿Qué se pinta, la cara? 6. ¿Cómo son sus labios? 7. ¿Cómo son sus manos? 8. ¿Lucía es baja? 9. ¿Tiene el pelo corto? 10. El avión no espera: ¿qué hace el avión? 11. ¿Y qué pasa con Lucía? 12. ¿Qué significa pesadilla?

Lección trece

Desde la terraza del aeropuerto   13 A

Ana   ¡Mira, José! ¡Allí vienen!
        ¡Son ellos! ¿Los ves?
        Aquellos que bajan del avión.
José No pueden ser ellos.
        Es todavía temprano:
        son las dos menos cuarto.
Ana   Tu reloj va atrasado.
        Mira, ahora van al autobús.
José Yo no los veo.
Ana   Los que van detrás de la azafata:
        aquél de la chaqueta marrón
        y los pantalones grises es Gonzalo.
        Y la que va a su lado es Lucía.
        ¿La ves? La del jersey azul
        y la falda verde y amarilla.
José Aquel papagayo no puede ser Lucía.
Ana   ¡Que sí es! ¡Anda, vamos!
        Termina de beberte la cerveza.
        Date prisa.

José Hay tiempo, mujer.
Tienen que recoger el equipaje
y pasar por la aduana.

Ana Sí, pero yo quiero comprar antes
un ramo de flores para Lucía.

En la floristería:

La florista ¿Le gusta este ramo, señora?
Estos claveles son muy bonitos.

Ana Esos claveles están muy abiertos.

José Aquellas rosas no están mal.

La florista (*Con las rosas en la mano.*)
¿Éstas les gustan?

Ana Ésas, sí.

Esquema gramatical 13 B

1. Pronombres demostrativos

Formas neutras: *¿ Qué es esto (eso, aquello)?*

Esto que hay *aquí*, donde yo estoy.
Eso que hay *ahí*, donde tú estás.
Aquello que hay *allí*, donde ni yo ni tú estamos.

Formas masculinas y femeninas, en singular y plural

este ramo —— *éste*	*éstos* —— *estos* ramos
esta rosa —— *ésta*	*éstas* —— *estas* rosas
ese ramo —— *ése*	*ésos* —— *esos* ramos
esa rosa —— *ésa*	*ésas* —— *esas* rosas
aquel ramo —— *aquél*	*aquéllos* —— *aquellos* ramos
aquella rosa —— *aquélla*	*aquéllas* —— *aquellas* rosas

Las formas masculinas y femeninas **suelen** llevar la tilde ('), cuando no están inmediatamente delante del sustantivo.

2. El pronombre relativo *que*

La mujer que va al lado de Gonzalo es Lucía.
La *que* va al lado de Gonzalo es Lucía.
Aquella que va al lado de Gonzalo es Lucía.

El hombre que va al lado de Lucía es Gonzalo.
El *que* va al lado de Lucía es Gonzalo.
Aquel que va al lado de Lucía es Gonzalo.

Los *que* van detrás de la azafata son ...
Aquellos que van detrás de la azafata son ...

Las rosas que tiene la florista son muy bonitas.
Las *que* tiene la florista son muy bonitas.

lo que
Escriba usted *lo que* sabe de Ana y José. *(13 C 7)*

Ejercicios   13 C

1. Conversación sobre el texto *13 A* y la ilustración

1. ¿Dónde están Ana y José? 2. ¿A quiénes esperan? 3. ¿A quiénes ve Ana? 4. ¿De dónde bajan Lucía y Gonzalo? 5. ¿Qué lleva Gonzalo, una falda y una blusa? 6. ¿De qué color es la chaqueta de Gonzalo? 7. ¿De qué color son los pantalones de Gonzalo? 8. ¿Qué lleva Lucía, unos pantalones y una chaqueta? 9. ¿De qué color es el jersey que lleva Lucía? 10. ¿De qué color es la falda que lleva? 11. ¿Qué lleva Lucía en la mano? 12. ¿De qué color es? 13. ¿Qué lleva Gonzalo en la mano? 14. ¿De qué color es?

2. el que .../la que ...

A. ¿Por qué no te compras *unos pantalones*?
B. Si encuentro *los que* busco, me los compro.

1. unos pantalones   2. unos zapatos   3. unas gafas de sol

4. un sombrero   5. una camisa   6. un abrigo

3. . . . de Ana / de José / de Lucía / para Lucía / de Gonzalo

A. El coche azul que hay *allí* ¿de quién es?
B. *Aquel* coche azul es de José.

1. coche azul   2. maleta negra   3. bolso blanco

4. rosas amarillas   5. abrigo verde   6. flores rojas
¿para quién?

4. Conversación sobre el texto *13 A* y su ilustración

1. ¿Quién va delante de Gonzalo? 2. ¿Quién va delante de la azafata? 3. ¿Va Lucía detrás de Gonzalo, o va delante de él? 4. ¿A dónde se dirigen, al avión? 5. ¿Qué bebe José en la terraza? 6. Ana le dice: «Termina de beberte la cerveza. Date prisa.» ¿Qué le responde José? 7. ¿Por qué piensa José que todavía tienen tiempo? 8. ¿Por qué tiene prisa Ana? 9. ¿Qué compra Ana en la floristería? 10. ¿Por qué no le gustan los claveles, porque están muy cerrados?

5. B *busca su libro, su paquete de cigarrillos etc.*
   A *presenta los objetos.*

A. Mire, *aquí* está su libro.
B. *Ese* no es mi libro.

1. el libro

2. los cigarrillos

3. el encendedor

4. las gafas
   de sol

5. la llave
   de su coche

6. el monedero

6. A *presenta lo objetos del Ejercicio 2.*

A. ¿Les gustan (a ustedes) *estos* pantalones?
B. No, *esos* pantalones no nos gustan.
   O: Sí, *esos* pantalones nos gustan mucho.

1. pantalones. 2. zapatos. 3. gafas de sol. 4. sombrero. 5. camisa. 6. abrigo.

7. Escriba usted *lo que* sabe de Ana y José:

dónde viven, dónde están ahora, a quiénes esperan, qué hace José, qué quiere hacer Ana etc.

Lectura

13 D

Ana le da un abrazo y lo besa

Como un pájaro enorme, el avión cruza el cielo, desciende lentamente y aterriza: toma tierra. Los pasajeros bajan del avión y suben a un autobús que los espera. En la sala donde les entregan el equipaje, mientras éste llega, Gonzalo busca un carrito para transportarlo, pero no lo encuentra. Mira aquí, mira allá, se aleja... y Lucía no se da cuenta.

Lucía busca a Gonzalo, Gonzalo busca un carro... Entretanto las maletas llegan, y en la sala de espera José y Ana se desesperan. Por fin ven a Lucía que llega. Ana corre hacia ella, la abraza, la besa... ¡Cómo se alegra! También José le da un abrazo y la besa.

Detrás de Lucía viene Gonzalo, cargado. Sólo se le ve la cabeza. Los dos amigos se abrazan. ¡Qué alegría! Ana le da un abrazo y un beso: «Hace un rato que os esperamos. ¿Cómo estáis? Un poco cansados, ¿verdad? Vamos al coche. Lo tenemos en el aparcamiento, ahí fuera.»

Ejercicios 13 E

1. Corrija usted: *(Texto 13 D)*

A. El avión despega.
B. No, el avión aterriza.

1. El avión despega. 2. Luego los pasajeros suben al avión. 3. Después de bajar, los pasajeros se quedan junto al avión. 4. En la sala donde tienen que recoger el equipaje, Gonzalo busca a José. 5. Gonzalo busca un carro, para ir en él a casa de José. 6. Lucía ve cómo Gonzalo se aleja. 7. Lucía busca un carrito. 8. Ana ve a Lucía y se aleja de ella. 9. Ana da la mano a Lucía. 10. Gonzalo viene delante de Lucía. 11. Gonzalo y José se dan la mano. 12. Hace sólo un momento que José y Ana esperan a sus amigos. 13. Los cuatro amigos se dirigen al autobús de IBERIA.

2. Lo contrario de ... es ...

A. ¿Qué es lo contrario de «bajar»?
B. Lo contrario de «bajar» es «subir»

1. bajar 2. bajo,-a 3. debajo de 4. delante de 5. antes de 6. lejos 7. ancho,-a 8. largo,-a 9. grande

3. Forme usted los verbos:

1. la salida
   salir
2. la llegada
   ......
3. la sala de espera
   .....

4. el abrazo
   ......
5. el beso
   ......
6. el peso
   .....

7. la forma
   ......
8. lejos
   alejarse
9. cerca
   ......

4. Pero Lucía no se da cuenta de nada.

A. Ana y José ven *a Lucía*.
B. Pero Lucía no se da cuenta de que *la* ven.

1. Ana y José ven a Lucía. 2. Gonzalo busca a Lucía. 3. Gonzalo viene detrás de ella. 4. Ana besa a Gonzalo. 5. Ana abraza a Gonzalo. 6. Ana y Gonzalo se alejan de ella.

Lección catorce

Primer cambio de impresiones 14 A

José Bueno, ¿qué contáis de nuevo?
¿Vivís ya en el nuevo piso?

Gonzalo Todavía no.

José ¿Y cuándo pensáis trasladaros a él?

Gonzalo Después del viaje queremos
comprar algunos muebles y...

Lucía Si nos queda dinero.

Ana ¡Dinero! ¡Vosotros sois ricos!
Trabajáis los dos y no tenéis hijos.

Lucía Sí, trabajamos los dos,
pero ya conocéis los sueldos de España.

Ana ¿Crees que aquí son distintos?

Lucía ¿No? ¿Entonces por qué estáis aquí?

Ana Pues porque aquí tenemos trabajo,
y en España es difícil encontrarlo.
Pero los que tenéis trabajo en España
vivís allí mejor que nosotros aquí.

Gonzalo No sé..., no sé...

José Bueno, ¿qué planes tenéis para mañana?

Gonzalo Pues no tenemos ningún plan concreto.

Ana Entonces yo os hago uno:
desayunáis aquí, salís luego
a dar una vuelta por la ciudad,
almorzáis en cualquier restaurante,
y por la noche cenamos juntos.
Después de cenar podemos dar un paseo
o ir al cine. ¿Os parece bien?

Gonzalo Nos parece estupendo.

Ana Y ahora nos acostamos,
que vosotros tenéis que descansar.

Lucía Y vosotros tenéis que levantaros temprano.

Gonzalo ¿A qué hora os levantáis?

José A las cinco, pero eso no es problema:
estamos acostumbrados a no dormir mucho;
solemos acostarnos muy tarde.

Esquema gramatical   14 B

1. La *segunda persona plural* de los verbos es siempre, como la *primera persona plural,* regular

	est*ar*	ten*er*	sal*ir*
nosotros,-as	est**amos**	ten**emos**	sal**imos**
vosotros,-as	est**áis**	ten**éis**	sal**ís**

Pero: nosotros,-as *somos* (ser)
vosotros,-as *sois* (ser)

2. Observe estos verbos irregulares:

	ac*o*starse	s*o*ler	d*o*rmir
me	ac**ue**sto	s**ue**lo	d**ue**rmo
te	ac**ue**stas	s**ue**les	d**ue**rmes
se	ac**ue**sta	s**ue**le	d**ue**rme
nos	ac*o*stamos	s*o*lemos	d*o*rmimos
os	ac*o*stáis	s*o*léis	d*o*rmís
se	ac**ue**stan	s**ue**len	d**ue**rmen

3. Dativo: me, te, le/nos, os, les

El plan	**me** parece bien.	Los claveles	no **me** gustan.
	te parece bien.		no **te** gustan.
	le parece bien.		no **le** gustan.
	nos parece bien.		no **nos** gustan.
	os parece mal.		no **os** gustan.
	les parece mal.		no **les** gustan.

4. Observe:

a) —Trabaj**áis** los dos y no ten**éis** hijos.
—Sí, trab**ajamos** los dos, pero ...

b) —Queremos comprar alg**unos** muebles ...
—¿Tenéis alg**ún** plan para mañana?
—No tenemos ning**ún** plan, no tenemos ning**uno**.

Ejercicios 14 C

1. Conversación sobre el texto *14 A*

1. Lucía y Gonzalo ¿viven ya en su piso nuevo? 2. ¿Por qué no viven todavía en él? 3. ¿Cuándo piensan trasladarse a él, mañana? 4. ¿Qué quieren comprar antes de trasladarse a él? 5. ¿Por qué dice Ana que Lucía y Gonzalo son ricos? 6. ¿Qué piensa Lucía de los sueldos de España, que son muy altos? 7. ¿Qué dice Ana de los sueldos de Francia, que son mejores que los de España? 8. ¿Por qué están en Francia Ana y José, porque les gusta vivir allí? 9. ¿A qué hora suelen levantarse Ana y José? 10. ¿Por qué se levantan tan temprano? 11. ¿Cuándo suelen acostarse?

2. Pregunte usted: *dónde, cuándo, a qué hora, en qué fábrica, cuánto, etc.*

A. Trabajamos en una fábrica.
B. ¿En qué fábrica trabajáis?

1. Trabajamos en una fábrica. 2. Trabajamos muchas horas. 3. Nos levantamos muy temprano. 4. Tardamos mucho tiempo en ir de casa a la fábrica. 5. Vivimos muy lejos de la fábrica. 6. Volvemos a casa muy tarde. 7. Solemos cenar temprano. 8. Solemos acostarnos tarde.

3. Vocabulario: desayunar   almorzar   cenar
el desayuno   el almuerzo   la cena

pan tostado   galletas   mantequilla   miel

queso   huevos duros   huevos fritos   jamón

salchichón   chorizo   carne   pescado

A. ¿Qué os gusta más, el salchichón o el jamón?
B. El ... nos gusta más que el ...

1. salchichón – jamón 2. salchichón – chorizo 3. huevos duros – huevos fritos 4. pan tostado – pan sin tostar 5. pan con mantequilla y miel – pan con mantequilla y mermelada 6. carne – pescado 7. pan tostado – galletas 8. chorizo – queso

4. Conversación libre

A. ¿A qué hora suele (usted) cenar?
B. Suelo cenar a las ...

1. ¿A qué hora suele (usted) cenar? 2. ¿Qué suele cenar? 3. ¿Qué hace después de cenar? 4. ¿Cuándo suele acostarse? 5. ¿Cuántas horas duerme (o suele dormir)? 6. ¿A qué hora se levanta? 7. ¿Qué hace después de levantarse? 8. ¿Qué hace después de desayunar? 9. ¿Dónde almuerza? ...

5. Pues nosotros no ... ningún/ninguna ...

A. Esta semana tengo algunos días libres.
B. Pues nosotros no tenemos ningún día libre.

1. Esta semana tengo algunos días libres. 2. Pienso salir algunas noches. 3. Pienso ver a unos amigos. 4. Quiero ver algunos museos. 5. Tengo que escribir algunas cartas. 6. Tengo muchos planes para esta semana.

6. *Nosotros no trabajamos mañana. Háganos usted un plan para mañana*

1. Levantarse temprano/tarde. 2. Desayunar en casa/fuera. 3. Dar un paseo por la ciudad./Ir a la sierra. 4. Volver a la hora de almorzar/cenar. 5. Almorzar/cenar juntos. 6. Ir luego al cine/a un bar a tomar unas copas... Etc.

7. Vocabulario:
a) Cuando tenemos hambre,   comemos.
b) Cuando tenemos sed,   bebemos.
c) Cuando tenemos sueño,   dormimos
d) Cuando estamos cansados, descansamos.

Pregunte usted a sus compañeros qué hacen cuando tienen hambre, cuando tienen sed, cuando tienen sueño, cuando están cansados(-as).

8. Cuente o escriba usted lo que sabe de Lucía y Gonzalo.

Lectura 14 D

De sobremesa, con Lucía y su piso

«Es precioso —cuenta Lucía—. Es un ático en el octavo piso. Tiene una terraza amplia, donde da el sol desde que sale hasta que se pone. Desde ella se ve toda la ciudad. Hay al lado de la casa toda clase de tiendas: de comestibles, de tejidos, peluquería, zapatería, carnicería, pescadería, panadería..., todo. No necesito ir al centro para nada. Y si quiero ir, en veinte minutos estoy allí: tengo la parada del autobús a dos pasos de casa... Estoy muy contenta con mi piso.»

—Os lo compro por un millón—, dice en broma José.
—No lo vendemos ni por tres millones—, replica seria Lucía, y continúa su descripción:

«Tiene tres habitaciones, además de la cocina, el cuarto de baño y un pasillo amplio. Ya me lo imagino amueblado, con muebles sencillos, pero bonitos: un sofá, un par de sillones, una mesita de centro, un armario-librería, una mesa para comer y cuatro sillas, en el salón-comedor; una cama, un armario-ropero y una cómoda, en el dormitorio. Me hace mucha ilusión tener una casa y muebles propios. Ya estoy harta de vivir en un piso amueblado y feo.»

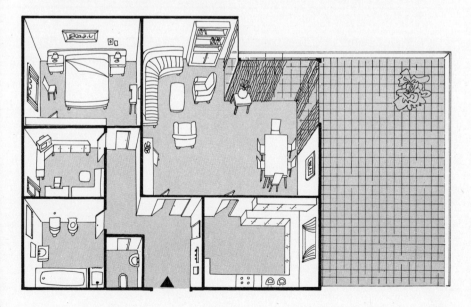

Ejercicios 14 E

1. Corrija usted *(Texto 14 D. Emplee las palabras del texto)*

A. El nuevo piso de Lucía está en el primer piso.
B. No, está en el octavo, en el último piso: es un ático.

1. El nuevo piso de Lucía está en el primer piso. 2. Tiene una terraza muy pequeña. 3. En la terraza da el sol solamente por la mañana. 4. No hay ninguna tienda cerca del edificio. 5. La parada del autobús está muy lejos de la casa. 6. Se tarda mucho tiempo en ir desde la casa al centro de la ciudad. 7. Lucía necesita ir al centro para comprar cualquier cosa. 8. Lucía vende su piso por un millón de pesetas.

2. Conversación libre

1. ¿Está usted contento(-a) con el piso dónde vive? 2. ¿Da el sol en él? 3. ¿Desde cuándo hasta cuándo da el sol en su piso? 4. ¿Tiene balcón o terraza, o solamente ventanas? 5. ¿Cuántas habitaciones tiene? 6. ¿Cuántos metros cuadrados tiene? 7. ¿Tiene cocina? ¿Es amplia la cocina? ¿Come usted en ella? ¿Qué comidas hace en ella? 8. ¿Qué muebles tiene usted en el dormitorio? ¿Y en el salón-comedor? 9. ¿Tiene algún mueble en el pasillo? 10. ¿Cómo son sus muebles, sencillos o lujosos, feos o bonitos, caros o baratos? 11. ¿Piensa usted trasladarse pronto a otro piso? ¿Por qué (no)?

3. comer, beber, dormir, descansar, etc.

A. Tengo hambre.
B. ¡Pues coma! ¿Por qué no come?

1. Tengo hambre. 2. Tengo sed. 3. Tengo sueño. 4. Estoy cansado(-a). 5. Quiero acostarme. 6. Quiero irme a la cama. 7. No quiero ir al cine. 8. Quiero quedarme en casa. 9. No quiero salir. 10. No quiero ver la televisión. 11. No quiero oír la radio.

4. Formación de palabras

el pan	la carne	el pescado
la panadería	la carnicería	la pescadería
panadero,-a	carnicero,-a	pescadero,-a

A. ¿Dónde compramos la carne?
B. La compramos en la carnicería.

1. ¿Dónde compramos la carne? 2. ¿Dónde compramos el pan? 3. ¿Dónde compramos el pescado? 4. ¿Quién vende el pescado? 5. ¿Qué vende el panadero? 6. ¿Dónde compramos la fruta? Etc.

„No necesito ir al centro para nada. Y si quiero ir, en 20 minutos estoy allí..."
(Una calle céntrica de Sevilla)

Lección quince

Otra vez al teléfono, con Petra y Andrés   **15 A**

Andrés ¡Hola, Petra! ¿Qué haces?
Petra ¿Qué puedo hacer sola en casa? Leo.
Andrés ¡Cuánto leéis las chicas alemanas! ¿Qué lees?
Petra Intento leer una novela.
Andrés ¿Una novela rosa?
Petra ¿Rosa? No te comprendo.
Andrés Pregunto si es una novela de amor.
Petra ¡Qué tonto eres! Es una novela policíaca.
Andrés ¿En español?
Petra ¡Pues claro! ¡Qué crees tú!
Andrés Que debe de ser muy difícil para ti.
Petra Bueno..., no es muy fácil, pero tampoco es tan difícil.
Andrés Si quieres la leemos juntos.
Petra ¿Tienes tiempo?
Andrés Para ti, siempre.
Petra Para mí, siempre... ¡Qué galante! ¿Dónde estás ahora?
Andrés Todavía estoy en la oficina...
Petra ¡Cuánto trabajáis los españoles!
Andrés ...pero termino pronto.
Petra ¿Cuándo terminas?
Andrés A las seis y cuarto, más o menos.
Petra No debes trabajar tanto.
Andrés Dentro de hora y media, aproximadamente, estoy ahí.
Petra Entonces, hasta luego. Cuento contigo.
Andrés Hasta muy pronto, Petra. Cuenta conmigo.

Esquema gramatical   15 B

1. Presente de indicativo: verbos regulares en -ar / -er

	trabaj*ar*	le*er*
yo	trabaj**o**	le**o**
tú	trabaj**as**	le**es**
usted, él, ella	trabaj**a**	le**e**
nosotros,-as	trabaj**amos**	le**emos**
vosotros,-as	trabaj**áis**	le**éis**
ustedes, ellos,-as	trabaj**an**	le**en**

2. Observe:

a) ***deber:*** *Debe de ser muy difícil para ti.*
   No debes trabajar tanto.
   ¿Cuánto le debo? (9 A)

b) ***si:*** *Pregunto si es una novela de amor.*
   Si quieres la leemos juntos.

c) ***preposición + pronombre personal:***

Para ti, siempre.	Se sienta **junto a ella**
No te comprendo.	y la mira, pero no le
Cuento **contigo**.	dice nada. (*15 D*)

Después de preposiciones (para, junto a, con, etc.)
no se emplean las formas **me   te   lo, la   le**
                           nos   os   los, las   les

para mí / conmigo	para nosotros,-as
para ti / contigo	para vosotros,-as
para usted	para ustedes
para él, ella	para ellos,-as

3. Observe *en los textos 15 A, D los verbos irregulares*

cerrar	sentar(se)	encender
c*i*erro	me s*i*ento	enc*i*endo
c*i*erras	te s*i*entas	enc*i*endes
c*i*erra	se s*i*enta	enc*i*ende
cerramos	nos sentamos	encendemos
cerráis	os sentáis	encendéis
c*i*erran	se s*i*entan	enc*i*enden

Ejercicios 15 C

1. Conversación sobre el texto *15 A*

1. ¿Dónde está Petra? 2. ¿Qué hace Petra en casa? 3. ¿Qué lee? 4. ¿Qué cree Andrés que Petra lee? 5. ¿Qué piensa Andrés de la novela que Petra lee, que debe de ser muy fácil para ella? 6. ¿Dónde está Andrés? 7. ¿Cómo habla con Petra? 8. ¿A qué hora termina Andrés de trabajar? 9. ¿Cuándo piensa llegar a casa de Petra? 10. ¿Cómo termina la conversación? ¿Qué dice Petra y qué dice Andrés?

2. Claro que lo/la . . .
(*Nos hablamos de tú*)

A. ¿Tú lees esas novelas?
B. Claro que las leo.

1. ¿Tú lees esas novelas? 2. ¿Y las comprendes? 3. ¿Tú me comprendes? 4. ¿Me comprendéis todos? 5. Pero ¿sabéis mi idioma? 6. ¿Y tú también lo sabes? 7. ¿Tú me conoces? 8. ¿Hablas mi idioma? 9. ¿Y vosotros también lo habláis?

3. Todavía no sabemos si . . .

A. ¿Salen (ustedes) esta noche?
B. Todavía no sabemos si salimos esta noche o no.

1. ¿Salen esta noche? 2. ¿Van al cine? 3. ¿Necesitan dinero? 4. ¿Se quedan en el hotel? 5. ¿Vuelven a casa? 6. ¿Duermen aquí? 7. ¿Almuerzan mañana aquí? 8. ¿Desayunan conmigo?

4. Repita usted el objeto: *a mí . . . me / a ti . . . te / Etc.*
(*Nos hablamos de tú*)

A. ¿Cuánto *os* debo?
B. *A nosotros (-as)* no *nos* debes nada.

1. ¿Cuánto os debo? 2. ¿Cuánto me debéis? 3. ¿Cuánto te deben? 4. ¿Cuánto le debes (a Andrés)? 5. ¿Cuánto le debes (a Petra)? 6. ¿Cuánto nos debes? 7. ¿Cuánto te debemos?

5. No, todavía no debe(n) de . . .

A. ¿Son ya las siete y media?
B. No, todavía no deben de ser las siete y media.

a) 7h ½   b) 7h ¼   c) 6h ¾ (!)   d) 6h 50 (!)
e) 6h ¼   f) 6h 25

6. **Si quieres, . . . juntos(-as)**

   A. Quiero hacer un viaje.
   B. Si quieres, lo hacemos juntos(-as)

   1. Quiero hacer un viaje. 2. Quiero ir a España. 3. Quiero alquilar allí un piso. 4. Quiero aprender el castellano. 5. Quiero pasar en España las vacaciones. 6. Quiero salir a primeros de junio.

7. **mucho → tanto / muy → tan**

   A. Trabajo *mucho*.
   B. No debe (usted) trabajar *tanto*.

   1. Trabajo mucho. 2. Me acuesto muy tarde. 3. Me levanto muy temprano. 4. Duermo muy poco. 5. Vuelvo a casa muy tarde. 6. Me esfuerzo mucho.

8. **Ejercicio de narración**

   Ponga usted en forma narrativa el texto 15 A

   Ejemplo: Andrés está en la oficina y llama por teléfono a Petra. Le pregunta qué hace. Ella le responde que intenta leer una novela. La novela que lee no es una novela rosa, como cree Andrés. Es una novela policíaca. Etc., etc.

9. **Intento / intentamos . . .**

   A. ¿Hacen (ustedes) siempre los ejercicios?
   B. Intentamos hacerlos.

   1. ¿Hacen (ustedes) siempre los ejercicios? 2. ¿Escriben siempre la narración? 3. ¿Aprende (usted) el vocabulario en casa? 4. ¿Lee en casa los textos? 5. ¿Hablan en clase en español? 6. ¿Estudia la gramática?

Lectura

Como en las novelas rosas

Son ya las diez y media de la noche y aún no ha llegado Andrés. ¿Qué le ha pasado? ¿Por qué no telefonea? Petra está triste. Cierra el libro que tiene en las manos y empieza a recordar. Se acuerda de su primer encuentro con Andrés:

Ella está sentada en un banco de un jardín público, preparando la clase de español. Él pasa por allí con un periódico debajo del brazo, la mira, se acerca a ella y le pregunta si le permite sentarse en el banco.

Andrés se sienta junto a Petra, saca un cigarrillo, lo enciende, abre el periódico y se pone a leer. De vez en cuando la mira, pero no le dice nada. Ella se pone nerviosa y se levanta para marcharse.

—¿Ya se va?—, se atreve a preguntarle Andrés. Ella, que apenas sabe español, no sabe qué responderle. Andrés le pregunta de nuevo: «¿Puedo acompañarla?»

—¡Oh! No es necesario. Muchas gracias.

Ejercicios   15 E

1. Corrija usted: *(Texto 15 D)*

A. Petra está alegre, porque ya ha llegado Andrés.
B. No, está triste, porque aún no ha llegado Andrés.

1. Petra está alegre, porque ya ha llegado Andrés. 2. Abre el libro que tiene en las manos y empieza a leer. 3. Se acuerda de su última clase de español.

Recuerdo: 4. Ella está en el teatro. 5. Está sentada en el suelo. 6. Andrés pasa por allí con un periódico en la mano. 7. La mira, y se aleja. 8. No le dice nada. 9. Andrés se sienta enfrente de ella. 10. Saca una botella de cerveza y la abre. 11. Luego cierra el periódico que lleva, lo pone en el banco y se sienta encima de él. 12. Andrés lee sin mirar nunca a Petra. 13. Petra se pone muy contenta y se queda sentada en el banco. 14. Petra se levanta para comprar cigarrillos. 15. Andrés la deja marcharse sin decirle nada. 16. Petra le contesta: «Sí, acompáñeme. Es usted muy galante.»

2. Luego, dentro de un rato / de una hora / de media hora / de un cuarto de hora...

A. Tenemos que hacer los ejercicios.
B. ¿Por qué no os ponéis a hacerlos?
A. Luego, dentro de un rato nos ponemos a hacerlos.

1. Tenemos que hacer los ejercicios. 2. Tenemos que leer una novela. 3. Petra tiene que preparar la clase. 4. Yo tengo que arreglar mi habitación. 5. (Tú y yo) tenemos que corregir estos ejercicios.

3. Ponerse nervioso(-a)
(*Nos hablamos de tú*)

A. Cuando hablo delante de mucha gente, me pongo muy nervioso(-a). ¿Vosotros(-as), no?
B. Nosotros(-as) también nos ponemos muy nerviosos(-as), cuando hablamos delante de mucha gente.

1. Cuando hablo delante de mucha gente, me pongo muy nervioso (-a). ¿Vosotros(-as), no? 2. ¿Y tus amigos, no? 3. ¿Y tú, no? 4. ¿Y Petra, no? 5. ¿Y yo, no?

4. tener que + irse o marcharse

A. ¿Ya te vas?
B. Sí, tengo que irme.

1. ¿Ya te vas? 2. ¿Y usted también se marcha? 3. ¿Tan pronto se marchan ustedes? 4. ¿Y Petra también se marcha? 5. ¿Os vais todos? 6. ¿No podéis quedaros un rato? 7. ¿No? Entonces me marcho yo también.

La Alhambra: Patio de los Leones (Granada)

Lección dieciséis

Cuando Andrés llega 16 A

*Petra e Inés discuten en alemán
sobre la vida en España y Alemania.
Andrés no comprende lo que hablan.*

Andrés	¿ Se puede saber sobre qué discutís ?
Inés	Petra dice que los alemanes no entendemos la vida, que no sabemos vivir.
Petra	No he dicho eso; he dicho que vivimos para trabajar.
Inés	Eso es lo mismo: vivir para trabajar es no saber vivir.
Petra	No, porque, si a uno le gusta su trabajo, vive feliz trabajando.
Inés	¿ Qué respondes tú a eso, Andrés ?
Andrés	Mira, yo no tengo ganas de discutir; pero puedo deciros que, cuando no trabajo, me siento muy feliz. ¿ Cómo vivís los alemanes ? ¿ Trabajáis todo el día ?

Petra	Claro que no: también los alemanes nos divertimos. Pero nuestras diversiones están tan organizadas como el trabajo.
Inés	Eso sí es verdad: en Alemania todo está previsto, mientras que en España la vida es una continua sorpresa.
Petra	¡Pues eso es lo que yo digo!
Andrés	¡Vaya! Después de tanto discutir, ahora resulta que las dos decís lo mismo. ¡Siempre termináis de acuerdo!
Petra	¿No es estupendo?
Andrés	¡Es aburrido! ¿Ponemos un disco?

Esquema gramatical 16 B

1. **Verbos regulares en *-er* / *-ir***
   Compare usted las terminaciones

	comprend*er*	discut*ir*
yo	comprend**o**	discut**o**
tú	comprend**es**	discut**es**
usted, él, ella	comprend**e**	discut**e**
nosotros, -as	comprend**emos**	discut**imos**
vosotros, -as	comprend**éis**	discut**ís**
ustedes, ellos, -as	comprend**en**	discut**en**

2. **Verbos irregulares en *-er* / *-ir* (e → ie)**

entend*er*	sent*ir*	divert*ir*(se)
ent**ie**ndo	s**ie**nto	me div**ie**rto
ent**ie**ndes	s**ie**ntes	te div**ie**rtes
ent**ie**nde	s**ie**nte	se div**ie**rte
ent*e*ndemos	sentimos	nos divertimos
ent*e*ndéis	sentís	os divertís
ent**ie**nden	s**ie**nten	se div**ie**rten

3. **El uso de *lo***

   1°. Es *lo* mismo. (= Es igual.)
   lo mismo, lo contrario, lo bueno, lo malo ...

   2°. Andrés no comprende *lo que* hablan.
   Eso es *lo que* yo digo.

   3°. a) Aquél es *Gonzalo*. ¿No *lo* ves?
   b) Busca un *carro*, pero no *lo* encuentra.
   c) No somos *diferentes*. Y si *lo* somos ... *(16 D)*
   d) No *lo* creo. (No creo *lo que* dices.) *(16 D)*

4. **Observe *la repetición del objeto*:**

   Si *a uno* **le** gusta su trabajo, vive feliz trabajando.

Ejercicios 16 C

1. Conversación sobre el texto

1. ¿En qué idioma discuten Petra e Inés? 2. ¿Sobre qué discuten? 3. ¿Por qué no comprende Andrés lo que dicen? 4. ¿Qué dice Petra de los alemanes, que no saben vivir? 5. ¿Cree usted que uno puede sentirse feliz trabajando? 6. ¿Qué dice Andrés a eso? 7. ¿Cómo viven los alemanes?, ¿trabajan solamente? 8. ¿Qué dice Petra de las diversiones de los alemanes, que son espontáneas? 9. Inés piensa lo mismo que Petra, pero lo dice de otra forma. ¿Cómo lo dice? 10. «¡Vaya! –dice Andrés–. Después de tanto discutir ahora resulta...» ¿Qué resulta?

2. mucho → tanto   muy → tan

A. Ustedes se divierten *mucho*.
B. No nos divertimos *tanto como* usted cree.

1. Ustedes se divierten mucho. 2. Ustedes son muy felices. 3. Ustedes viven muy bien. 4. (Ustedes) trabajan muy poco. 5. Ganan mucho. 6. Tienen mucho tiempo libre. 7. Necesitan mucho dinero.

3. ¿Qué es lo que vosotros(-as)/ellos(-as)/tú ...?

A. Eso es lo que nosotros(-as) decimos.
B. ¿Qué es lo que vosotros(-as) decís?

1. Eso es lo que nosotros(-as) decimos. 2. Eso es lo que queremos decir. 3. Eso es lo que nosotros(-as) pensamos. 4. Eso es lo que no entendemos. 5. Eso es lo que ellos piden. 6. Eso es lo que tus amigos no quieren. 7. Eso es lo que tú no comprendes. 8. Eso es lo que yo necesito.

4. ser feliz/felices ... -ando

A. Nosotros(-as) trabajamos mucho.
B. Vosotros(-as) sois felices trabajando.

1. Nosotros(-as) trabajamos mucho. 2. Inés trabaja mucho. 3. Tú trabajas mucho. 4. Vosotros(-as) trabajáis mucho. 5. Yo viajo mucho. 6. Mis amigos también viajan mucho. 7. Tú estudias mucho.

5. Conversación libre sobre el texto *16 A*

1. ¿Está usted de acuerdo con lo que dice Petra de los españoles y los alemanes? 2. ¿Por qué (no) está usted de acuerdo? 3. ¿Conoce a los

españoles y a los alemanes? 4. ¿Cómo los ve usted? ¿Qué piensa de ellos? O ¿qué se dice de ellos? 5. ¿Se atreve usted a decir lo que piensa? 6. ¿Se puede decir siempre lo que uno piensa? (= ... se piensa?) 7. ¿Se debe decir siempre lo que uno siente?

6. aburrirse

    A. ¿Por qué lees tanto?
    B. Cuando no leo *me aburro*.

1. ¿Por qué lees tanto? 2. ¿Por qué leéis tanto? 3. ¿Por qué vais tanto al cine? 4. ¿Por qué vas tanto al cine? 5. ¿Por qué sales tanto? 6. ¿Por qué estás siempre en el bar? 7. ¿Por qué estáis siempre en el bar? 8. ¿Por qué veis tanto la televisión?

7. sentarse (*e* → *ie*)/acostarse (*o* → *ue*)
   dormir (*o* → *ue*)

    A. ¡Qué hambre tengo!
    B. ¿Por qué no te sientas y comes?

1. ¡Qué hambre tengo! 2. ¡Qué hambre tenemos! 3. ¡Qué cansado(-a) me siento! (*descansar*) 4. ¡Qué cansados(-as) nos sentimos! 5. ¡Qué sueño tengo! 6. ¡Qué sueño tenemos!

Lectura

16 D

¿Juicios fundados, o prejuicios?

«Es aburrido», dice Andrés, y pone el tocadiscos. Pero la discusión continúa y también él toma parte en ella. «Yo no lo creo —dice—, los españoles no somos diferentes. Y si lo somos, no es por carácter o temperamento. ¿O crees tú que existe un alma colectiva que determina la manera de ser de los pueblos? Yo, no. Es una tontería pensar que los meridionales somos apasionados, anárquicos y vagos o perezosos por temperamento. O que los alemanes sois por naturaleza trabajadores, disciplinados y sumisos...»

—¿Sumisos? —replica Inés—. ¿Quién ha dicho que somos sumisos? Lo que se dice es lo contrario: que somos dominantes y agresivos. Pero yo me pregunto: ¿Quiénes son más agresivos, los alemanes o los americanos?, ¿los conquistadores y colonizadores de América, o los de África, la India o Indochina? No es el carácter o la raza —en eso tienes razón— lo que determina el comportamiento humano o inhumano de los pueblos, sino su sistema económico y político. Él nos hace como somos.

—Y ¿quiénes hacen el sistema?—, pregunta Petra.

Ejercicios 16 E

Intento de discusión libre sobre el texto *16 D*

Vocabulario: disciplinado,-a — indisciplinado,-a
dominante — sumiso,-a
trabajador,-a — vago,-a / perezoso,-a
agresivo,-a — pacífico,-a
apasionado,-a — flemático,-a / frío,-a

El grupo *A* formula juicios o prejuicios sobre los distintos pueblos o naciones: sobre los andaluces, los catalanes, los indios latinoamericanos, los italianos, los franceses, los ingleses, los alemanes, los suecos, los suizos...

El grupo *B* busca ejemplos que *contradicen* los juicios del grupo *A*

Por ejemplo:

Grupo A: Los andaluces son muy vagos. Todos los meridionales son perezosos. No les gusta trabajar. Sólo piensan en divertirse. Por eso Andalucía es una región... ¿Cómo se dice? Quiero decir que no tiene dinero... ¡Ah, sí! ¡Pobre! Por eso no hay allí mucha industria. Son muy alegres, sí. Pero muy vagos. Y poco serios. Por eso son pobres. . . . .

Grupo B: Pues hay muchos andaluces que... ¿Cómo se dice? Hay muchos que salen de su tierra... ¡Ah, sí! ¡Emigran! Emigran a Cataluña o a Alemania a buscar trabajo. Y trabajan allí tanto como los catalanes o los alemanes. O más. Y también en Andalucía, cuando el andaluz tiene trabajo, cuando encuentra allí trabajo, el andaluz trabaja desde que sale el sol hasta que se pone. Y son trabajos duros... Tienen que trabajar mucho, porque ganan muy poco. . . . .

Lección diecisiete

El cielo de la abuela 17 A

*¡Pobre Pablito! Está enfermo: se ha resfriado.
Mientras su abuela le calienta un vaso de leche,
él mira distraído las fotos del álbum familiar.*

Pablo Abuela, mira esta foto.
Abuela (*Se acerca a Pablito*) ¿Cuál? ¿Qué foto?
Pablo Ésta. ¿Quién es este hombre de las gafas?
Abuela ¿Cuál? ¿El de la derecha? Es tu padre.
Pablo ¿Éste es mi padre? ¡Está muy joven!
Abuela Tu padre es joven.
Pablo Y estos niños al lado suyo ¿quiénes son?
Abuela Esos sois vosotros: tú y tu hermana.
Pablo ¿Mi hermana y yo? ¡Madre mía!
Y esta mujer al lado nuestro ¿quién es?
Abuela Es vuestra madre. (*Pablo la mira pensativo,
mientras su abuela va a la cocina y vuelve
con el vaso de leche caliente en la mano.*)

Pablo Ven, abuela. ¿Quiénes son estos señores?

Abuela ¿Cuáles? ¿Los que están detrás de vosotros?

Pablo Esta mujer gorda y el hombre de las barbas.

Abuela (*Los mira y se ríe.*) Esa mujer gorda soy yo.

Pablo ¿Ésta eres tú? Estás también muy joven.

Abuela Sí, hijo mío, así es la vida:
primero somos niños, luego somos jóvenes
y después nos hacemos viejos.

Pablo ¿Y después?

Abuela Tómate la leche, ¿no ves que se enfría?

Pablo ¿Y el hombre de las barbas al lado tuyo?

Abuela Es el abuelo: el que está en el cielo.

Pablo ¿Tú también vas al cielo?

Abuela Si soy buena, sí.

Pablo ¿Y yo también voy al cielo?

Abuela Si eres bueno y te tomas la leche, sí.

Pablo ¿Y mis hermanos también van al cielo?

Abuela Sí, Pablo, todos vais al cielo,
si sois buenos y tú dejas de preguntar.

Pablo ¿Y si continúo preguntando?

Abuela ¡Pablo! ¡Ya está la leche completamente fría!

Esquema gramatical 17 B

1. ¿cuál?, ¿cuáles? / ¿qué?

> –Mira esta foto(grafía). –¿*Cuál*? ¿*Qué* foto(grafía)?
> –¿Quiénes son estos señores? –¿*Cuáles*? ¿*Qué* señores?

2. mío(-a)/mi   tuyo(-a)/tu   suyo(-a)/su
     nuestro(-a)   vuestro(-a)   suyo(-a)/su

> Al lado *mío* / A *mi* lado
> Al lado *tuyo* / A *tu* lado
> Al lado *suyo* / A *su* lado
>
>   Al lado nuestro / A nuestro lado
>   Al lado vuestro / A vuestro lado
>   Al lado *suyo*   / A *su*   lado
>
> *suyo,-a/su:* de él,   de ella, de usted,
>   de ellos, de ellas, de ustedes.
>
> *mi/mí:* mi padre/para mí

3. Observe el uso reflexivo de algunos verbos:

> *a)* Tóma**te** la leche. (**tu** vaso de leche)
>   Toma   leche.
>   Termina de beber**te** la cerveza. (*13 A*)
> *b)* La abuela **se** ríe. (La abuela ríe.)
> *c)* ¿Ya **se** va? = ¿Ya **se** marcha? (*15 D*)
>   ¿A dónde va?
> *d)* **Nos** hacemos viejos(-as).
>   La leche **se** enfría.

4. Observe la irregularidad de *reír* y la acentuación de *continuar* y *resfriarse / enfriar*

río	continúo	me resfrío	enfrío
ríes	continúas	te resfrías	enfrías
ríe	continúa	se resfría	enfría
reímos	continuamos	nos resfriamos	enfriamos
reís	continuáis	os refriáis	enfriáis
ríen	continúan	se resfrían	enfrían

117

Ejercicios 17 C

1. Conversación sobre el texto *17 A*

1. ¿Dónde está Pablito, en la calle? 2. ¿Cómo está? 3. ¿Qué tiene?, ¿qué le pasa? 4. ¿Está solo en casa? 5. ¿Qué hace su abuela, le prepara el almuerzo? 5. ¿Qué hace Pablito, lee un libro? 6. ¿Está Pablo aburrido? 7. En la foto que Pablo mira, ¿quién es su padre, el de la barba larga? 8. ¿Quiénes son los niños de la foto? 9. ¿Quién es la señora que hay a la derecha de la niña? 10. ¿Quién es el hombre de la barba? 11. ¿Quién hay a la derecha del abuelo? 12. ¿Dónde dice la abuela que está el abuelo? 13. ¿Qué dice la abuela, que Pablito va al cielo si continúa preguntando? 14. ¿Deja Pablo de preguntar?

2. ... no puedo / no puede / no podemos ...

A. ¿Por qué no llama (usted) al médico?
B. Ahora no puedo llamarlo.

1. ¿Por qué no llama al médico? 2. ¿Por qué no lleva al niño al médico? 3. ¿Por qué no va usted a ver al médico? 4. ¿Por qué no viene el médico aquí? 5. ¿Por qué no se quedan ustedes aquí *hasta el sábado*? 6. ¿Por qué no se marchan *el domingo*? 7. ¿Por qué no duermen aquí *esta noche*? 8. ¿Por qué no dejan el viaje *para mañana*?

3. ¿Cuál ..., éste, ése, o aquél?

A. Déme usted mi sombrero.
B. ¿Cuál es su sombrero, éste, ése o aquél?

1. Déme usted mi sombrero. 2. Déme mis gafas. 3. Déme mi chaqueta. 4. Dénos nuestra cámara fotográfica. 5. Dénos nuestras revistas. 6. ¿Me hace el favor de darme mi abrigo?

4. Ese no ... el mío. ... aquél

A. ¿Es éste su sombrero (de usted)?
B. No, ése no es el mío. Es aquél.

1. ¿Es éste su sombrero (de usted)? 2. ¿Son éstas sus gafas? 3. ¿Son éstos sus libros (de usted)? 4. ¿Es ésta su bolsa (de ustedes)? 5. ¿Son éstas sus revistas (de ustedes)? 6. ¿Es éste su abrigo?

5. Son jóvenes: lo son. Están jóvenes: lo están

(*Nos hablamos de tú.*)
A. Tus padres (= padre y madre) están muy jóvenes.
B. Lo están y lo son.

1. Tus padres están muy jóvenes. 2. Vosotros estáis también muy jóvenes. 3. Tu abuela está muy vieja. 4. Yo estoy muy nervioso(-a). 5. Nosotros(-as) estamos muy nerviosos(-as). 6. Tú estás muy jóven.

6. Ahora, no. Luego . . .

A. Tómese la leche.
B. Ahora, no. Luego me la tomo.

1. Tómese la leche. 2. ¿Le traigo una limonada? 3. Póngase el termómetro. 4. ¿No se levanta? 5. ¿Por qué no da un paseo? 6. Váyase un rato al jardín.

7. resfriarse con frecuencia

A. Yo me resfrío con frecuencia. ¿Y tú?
B. También me resfrío con frecuencia.

1. Yo me resfrío con frecuencia. ¿Y tú? 2. ¿Y tu hermano? 3. ¿Y vosotros(-as)? 4. ¿Y tus padres? 5. ¿Y yo?

8. reírse de . . .

(Nos hablamos de tú.)
A. ¿Te ríes de mí?
B. No, no me río de ti.

1. ¿Te ríes de mí? 2. ¿Os reís de mí? 3. ¿Se ríen de ti? 4. ¿Se ríen de vosotros? 5. ¿Te ríes de alguien? 6. ¿De quién os reís? 7. ¿De qué te ríes?

En Peñíscola (Valencia) no todo es turismo.

Lectura 17 D

*¡Pobre Pablito! Le duele la cabeza y el oído izquierdo.
Su abuela le pone unas gotas y le canta la canción de ...*

El burro enfermo

A mi burro, a mi burro
le duele la cabeza;
el médico le manda
una gorrita negra.

*Una gorrita negra,
zapatitos lila.*

A mi burro, a mi burro
le duele la garganta;
el médico le manda
una bufanda blanca.

*Una bufanda blanca,
una gorrita negra,
zapatitos lila.*

A mi burro, a mi burro
le duele el corazón;
el médico le ha dado
gotitas de limón.

*Gotitas de limón,
una bufanda blanca,
una gorrita negra,
zapatitos lila.*

A mi burro, a mi burro
ya no le duele nada;
el médico le ha dado
jarabe de manzana.

*Jarabe de manzana,
gotitas de limón,
una bufanda blanca,
una gorrita negra,
zapatitos lila.*

Ejercicios 17 E

1. *Aprenda de memoria la canción* « **El Burro enfermo** », *grabada en la cinta por los niños de la escuela española de Munich*

EL BURRO ENFERMO

1. A mi burro, a mi burro le duele la cabeza el médico le manda una gorrita negra una gorrita negra zapatitos lila.
2. A mi burro, a mi burro le duele la garganta el médico le manda una bufanda blanca una bufanda blanca zapatitos lila.

2. *Describa a personas conocidas, grupos de personas en la clase, cualquier fotografía de un grupo, o la foto que Pablito tiene en la mano.* **Escriba** *primero las palabras* **contrarias a las siguientes:**

1. gordo,-a   2. alto,-a   3. grande   4. largo,-a
   delgado,-a   . . . .

5. joven   6. nervioso,-a   7. serio,-a   8. a la derecha
   . . . .

3. darse cuenta de lo que ...

   A. ¡Qué cosas pregunta Pablito!
   B. No se da cuenta de lo que pregunta.

   1. ¡Qué cosas pregunta Pablito! 2. ¡Qué cosas dice! 3. ¡Qué cosas hace! 4. ¡Qué cosas pide! 5. ¡Qué cosas le pasan! 6. ¡Qué cosas te pasan! 7. ¡Qué cosas dices! 8. ¡Qué cosas decís! 9. ¡Qué cosas haces!

Lección dieciocho

Por el número de habitantes, que lo hablan

18 A

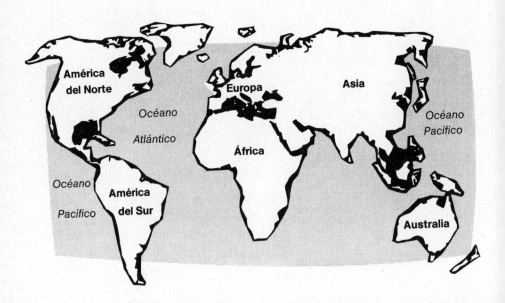

El idioma que usted aprende
ocupa el tercer lugar, el tercero,
entre todos los idiomas del mundo.

Se habla más que el indostánico y el ruso
—que ocupan, respectivamente,
el cuarto y el quinto lugar—,
más que el árabe y el portugués
—que ocupan el sexto y el séptimo—,
más que el francés, el bengalí,
el japonés, el alemán y el italiano
—que ocupan, respectivamente,
los lugares octavo, noveno,
décimo, undécimo y duodécimo.

El castellano o español se habla
más que todos estos idiomas,
pero menos que el inglés y el chino,
que ocupan, respectivamente,
los lugares segundo y primero.
El primer lugar lo ocupa el chino.

El castellano no se habla
tanto como el inglés. Pero,
desde el punto de vista cultural,
es tan importante como él:
tiene tanta importancia como
el francés, el inglés o el alemán.

El castellano es hablado por
más de 270 millones de personas.
El castellano se habla
más de lo que muchos piensan.
El castellano es uno de
los idiomas más importantes del mundo.

Esquema gramatical 18 B

1.
a) *más (menos) que* ...
   más (menos) de ... (delante de números)
   más (menos) de lo que ... (delante de frases)

   El castellano
   se habla *más que el francés.*
   Lo hablan *más de 270 millones de personas.*
   Se habla *más de lo que muchos piensan.*

b) *tanto como* ... (con verbos)
   tan ... como ... (con adjetivos y adverbios)
   tanto,-a,-os,-as ... como ... (con sustantivos)

   El castellano no se *habla tanto como* el inglés.
   Es *tan importante como* el inglés o el francés.
   Tiene *tanta importancia como* el francés ...

c) *el más (menos)* ...   *los más (menos)* ...
   la más (menos) ...   *las más (menos)* ...

   El castellano es uno de
   los idiomas *más importantes* del mundo.

2. Cuando el objeto está delante del verbo, hay que *repetir el objeto:*

   El primer lugar **lo** ocupa el chino.
   El tercer lugar **lo** ocupa el castellano.

3. Observe la forma *pasiva* de los verbos:

   El idioma castellano *es hablado por* ...
   La lengua castellana *es hablada por* ...

4. Números ordinales

1 – primer(o),-a	5 – quinto,-a
(el primer lugar)	6 – sexto,-a
2 – segundo,-a	8 – octavo,-a
3 – tercer(o),-a	9 – noveno,-a
(el tercer lugar)	10 – décimo,-a
4 – cuarto,-a	11 – unedécimo,-a
	12 – duodécimo,-a

Ejercicios   18 C

1. (Véase el gráfico del texto *18 A*)

A. Por el número de habitantes que lo hablan,
¿qué idioma ocupa el tercer lugar?
B. El tercer lugar lo ocupa el castellano.

1. Por el número de habitantes que lo hablan, ¿qué idioma ocupa el tercer lugar? 2. ¿Qué lugar ocupa el inglés? 3. ¿Qué idioma ocupa el primer lugar? 4. ¿Qué lugar ocupa el indostánico? 5. ¿Qué lugares ocupan el ruso, el árabe y el portugués? 6. ¿Qué idioma ocupa el octavo lugar? 7. ¿Qué lugares ocupan el alemán y el italiano? 8. ¿Qué idioma ocupa el noveno lugar?

2. más / mejor

(*Madrid está en el centro de España; Gerona, en el noreste, en la Costa Brava.*)

A. ¿Qué ciudad está más cerca de Francia, Madrid o Gerona?
B. Gerona está más cerca que Madrid.

1. ¿Qué ciudad está más cerca de Francia, Madrid o Gerona? 2. ¿Cuál de las dos tiene más habitantes? 3. Por el número de habitantes, ¿cuál es más importante? 4. ¿Cuál tiene más importancia? 5. ¿Cuál le gusta a usted más para pasar allí sus vacaciones? 6. ¿Cuál tiene mejor clima? 7. ¿Cuál está más lejos de Francia?

3. más que / más de

A. ¿Cuántas personas hablan el castellano? (270)
B. El castellano lo hablan más de 270 millones de personas.

1. ¿Cuántas personas hablan el castellano? (270) 2. ¿Cuántas personas hablan el inglés? (349) 3. ¿Cuál de estos dos idiomas se habla más? 4. ¿Cuántas personas hablan el chino? (799) 5. ¿Qué idioma se habla más, el inglés o el chino? 6. ¿Cuántas personas hablan el árabe? (149) 7. ¿Cuántas personas hablan el ruso? (199) 8. ¿Qué idioma se habla más, el árabe o el ruso?

4. más de lo que ... / menos de lo que ...

A. Me imagino que usted gana mucho.
B. Gano más de lo que (usted) se imagina.
O: gano menos de lo que (usted) se imagina.

1. Me imagino que usted gana mucho. 2. Dicen que usted gana mucho.

3. Parece que usted gana mucho. 4. La gente dice que usted es muy serio(-a). 5. Parece que usted trabaja mucho. 6. Creo que está aquí muy contento. 7. Se dice que usted es muy feliz. 8. Parece que se siente aquí muy bien. (!!!)

5. tanto,-a / tan / tanto (...) como ...

A. ¿Es muy caro su piso (de usted)?
B. Es tan caro como el suyo.

1. ¿Es muy caro su piso? 2. ¿Es muy grande? 3. ¿Tiene muchas habitaciones? 4. ¿Tiene muchos metros cuadrados? 5. ¿Está muy cerca del centro? 6. ¿Paga usted mucho de alquiler? 7. ¿Tiene usted una terraza amplia? 8. ¿Da el sol mucho tiempo en ella?

6. el (...) más / la (...) más ... de España.

A. Ávila es una ciudad muy fría.
B. Es la ciudad más fría de España.

1. Ávila es una ciudad muy fría. 2. Ávila es una ciudad muy alta. 3. Almería es una provincia muy pobre. 4. Barcelona es una provincia muy rica. 5. Málaga es una ciudad muy cara. 6. Gerona es una ciudad muy barata. 7. Badajoz es una provincia muy grande. 8. El Tajo es un río muy largo.

7. es hablado por unos ...

A. ¿Cuántas personas hablan el alemán? (90)
B. El alemán es hablado por unos 90 millones de personas.

1. ¿Cuántas personas hablan el alemán? (90). 2. ¿Cuántas hablan el italiano? (65). 3. ¿Cuántas hablan el español? (270). 4. ¿Cuántas hablan el portugués? (130). 5. ¿Cuántas personas hablan el japonés? (113)

8. Los días de la semana, los meses del año.

A. ¿Cuál es el primer día de la semana?
B. El primer día de la semana es el lunes.

a) El 1er. día de la semana. b) El 2°. c) El 3er. d) El 4°. Etc.

a) El 1er. mes del año. b) El 2°. Etc.

Lectura 18 D

Cada año, varios millones más

Por el número de habitantes, el país más importante entre los de habla castellana es Méjico, con cerca de 70 millones en 1979. Su población aumenta en un 3,5 por ciento anual. Esto significa un aumento de, por lo menos, 25 millones de habitantes en los diez próximos años. El índice de crecimiento de los demás países latinoamericanos es parecido al de Méjico, aunque algo más bajo en general.

Este rápido aumento de la población preocupa a muchos Gobiernos, que ven en él una de las causas del subdesarrollo de estos pueblos. Pero también hay quienes piensan que no se puede salir de un estado de colonización como el que padece Latinoamérica, si no se aumenta su densidad de población.

Realmente casi todos los países latinoamericanos están muy débilmente poblados, a pesar de que, en general, tienen una gran riqueza agrícola y minera. Méjico, uno de los más poblados, tiene 35 habitantes por kilómetro cuadrado. Argentina tiene 9; y Bolivia, 5,5. Compare usted estas cifras con las de Cuba (82 h/km²), o con las de la República Federal Alemana (247 h/km²).

Ejercicios 18 E

1. Conversación sobre el texto *18 D*

1. ¿Cuántos habitantes tiene Méjico? 2. ¿Cuál es el índice de crecimiento de su población? 3. ¿Qué significa esto para los próximos diez años? 4. En general, el índice de crecimiento de la población de los demás países latinoamericanos ¿es muy distinto del de Méjico? 5. ¿Por qué preocupa a muchos Gobiernos el rápido aumento de la población latinoamericana? 6. Hay quienes piensan que es necesario aumentar la densidad de población de los países de la América Latina. ¿Por qué? 7. ¿Cuál es la densidad de población de Méjico? 8. ¿Cuál es la de Argentina y Bolivia? 9. Y ¿la de Cuba? 10. ¿Cuál es la densidad de población de su país? 11. La riqueza de los países latinoamericanos ¿es una riqueza industrial?

2. Intento de discusión libre sobre el texto *18 D*

Formación de palabras:

la colonia	rico,-a	el desarrollo
colonizar	la riqueza	subdesarrollo
colonizado,-a		desarrollar
colonizador,-a	pobre	desarrollado,-a
la colonización	la pobreza	subdesarrollado,-a

En general, los países latinoamericanos tienen una gran riqueza agrícola y minera. Pero sus habitantes son muy pobres.

¿*Por qué?* a) ¿Porque la riqueza está en manos de unos pocos?

b) ¿Porque son países colonizados y sus productos son exportados a precios muy bajos? ¿Quiénes determinan esos precios? ¿Quiénes son los colonizadores? ¿Cómo se puede terminar con la colonización?

c) ¿Porque sus habitantes son muy perezosos y no quieren trabajar?

Se ganan la vida limpiando zapatos (En Lima, capital de Perú)

Lección diecinueve

Como hoy es el cumpleaños de Petra... 19 A

*Andrés se presenta en su apartamento,
con el regalo que acaba de comprar.*

Andrés Felicidades. (*Le da un beso.*)
Mira lo que te traigo.

Petra ¿Qué me traes? ¡Un disco de Ibáñez!
¡Gracias! ¡Qué amable eres!

Andrés Y otro de Manuel Gerena.

Petra   Pero Gerena canta flamenco;
y en un andaluz tan cerrado,
que yo no me entero de nada.

Andrés Vamos a oír el de Paco Ibáñez.
Tiene textos muy bonitos.
. . . .
Escucha esta canción . . .
> *Andaluces de Jaén
> aceituneros altivos,
> decidme en el alma: ¿de quién?
> ¿de quién son esos olivos?*

Petra   ¿Qué significa «decidme»?

Andrés ¿No conoces aún
el imperativo afirmativo de «vosotros»?
Es muy fácil; y siempre es regular:
de «decir», «decid»; de «traer», «traed»;
y de «llevar», «llevad».
Oye esta poesía, llena de imperativos,
también de Miguel Hernández,
como la letra de la canción anterior:

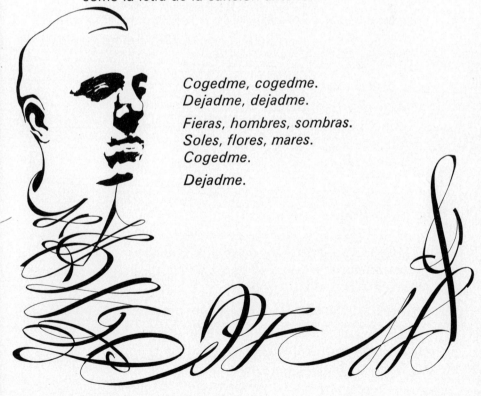

> *Cogedme, cogedme.
> Dejadme, dejadme.*
>
> *Fieras, hombres, sombras.
> Soles, flores, mares.
> Cogedme.*
>
> *Dejadme.*

Esquema gramatical   19 B

1. El imperativo afirmativo regular *(Resumen)*

	escuch*ar*	respond*er*	escrib*ir*
tú:	escucha	responde	escribe
usted:	escuche	responda	escriba
vosotros:	escuchad	responded	escribid
ustedes:	escuchen	respondan	escriban

2. Tres verbos irregulares

	traer	oír	decir
yo	traigo	oigo	digo
tú	traes ¡trae!	oyes ¡oye!	dices ¡di!
usted	trae ¡traiga!	oye ¡oiga!	dice ¡diga!
él	trae	oye	dice
nosotros	traemos	oímos	decimos
vosotros	traéis ¡traed!	oís ¡oíd!	decís ¡decid!
ustedes	traen ¡traigan!	oyen ¡oigan!	dicen ¡digan!
ellos	traen	oyen	dicen

3. acabar de + infinitivo

Andrés acaba de comprar el regalo.
Nosotros acabamos de leer el diálogo.

4. *el* alma (plural: *las* almas)

Todas las palabras femeninas que comienzan con «a» o «ha» acentuada llevan en singular el artículo masculino «el»:

el alma buena, **el** agua clara, **el** hambre, mucha hambre ...

Atención: El verbo «coger» es tabú en muchos países sudamericanos.

Ejercicios 19 C

1. Conversación sobre el texto *19 A*

A. ¿Qué le lleva Andrés a Petra?
B. Le lleva un regalo.

1. ¿Qué le lleva Andrés a Petra? 2. ¿Qué le regala? 3. ¿Por qué le lleva un regalo, porque Petra se marcha ya de España? 4. Andrés se presenta en casa de Petra y le dice... ¿Qué le dice? 5. ¿De qué cantantes son los discos que le regala? 6. ¿Qué disco oyen Petra y Andrés? 7. ¿Por qué no ponen primero el disco de Manuel Gerena? 7. Cuando Petra oye a Gerena, ¿se entera de algo? 8. ¿Por qué no se entera de nada?

2. ... enterarse *de lo que* pasa.

(*Nos hablamos de* tú.)
A. No sabemos lo que pasa.
B. Claro, como nunca salís de vuestra casa,
no os enteráis de lo que pasa.

1. No sabemos lo que pasa. 2. Inés tampoco sabe lo que pasa. 3. Y vosotros tampoco sabéis lo que pasa. 4. Mis amigos tampoco lo saben. 5. Tú no lo sabes tampoco. 6. Yo tampoco lo sé.

3. Conversación sobre el texto *19 A*

1. En el diálogo se habla de un cantante de flamenco: de un «cantaor». ¿Quién es? 2. ¿Conoce usted a Manuel Gerena? 3. ¿Le gusta a usted el «cante» flamenco? 4. En el diálogo se habla también de un «poeta»: ¿de qué poeta? 5. ¿No conoce a Miguel Hernández? 6. ¿De quién es la letra de la canción que escuchan Petra y Andrés? 7. En esa canción hay una palabra que Petra no comprende: ¿cuál es? 8. En esa canción Hernández llama «altivos» a los aceituneros de Jaén. ¿Qué significa «altivo,-a»? 9. ¿Puede un pobre aceitunero ser altivo?

4. Imperativo: plural

A. ¿Qué le decimos a Petra, que tú no puedes ir a su casa?
B. Sí, decidle que no puedo ir.

1. ¿Qué le decimos a Petra, que tú no puedes ir a su casa? 2. ¿Qué le llevamos, un ramo de flores 3. ¿Qué le regalamos, un disco de Paco Ibáñez? 4. ¿A dónde vamos con ella, al cine? 5. ¿A qué hora salimos de aquí, a las cinco? 6. ¿Cuándo volvemos, a las nueve? 7. ¿Qué te traemos, algo para beber?

5. Imperativo: singular

A. No me atrevo a ir a su casa (de ella).
B. ¿Por qué no te atreves? ¡Atrévete!
A. Y si voy, no le pregunto nada.
B. ¿Por qué no le preguntas? ¿Pregúntale.

1. No me atrevo a ir a su casa. 2. Y si voy, no le pregunto nada. 3. Y si ella me pregunta algo, no le respondo. 4. Si no me llama, no me presento allí. 5. Y si voy, no me quedo allí mucho tiempo. 6. Si alguien me pregunta algo, no le contesto. 7. Y a ti tampoco te lo digo.

6. Repetición del Ejercicio 4
Emplee usted ahora la forma de cortesía:

A. ¿Qué le decimos a Petra, que usted no puede ir a su casa?
B. Sí, díganle que no puedo ir.

1. ¿Qué le decimos, que no puede ir? 2. ¿Qué le llevamos, un ramo de flores? Etc.

7. acabar de + infinitivo

A. Ponga usted el disco de Ibáñez.
B. Acabo de ponerlo.

1. Ponga el disco de Ibáñez. 2. Oigan ustedes la cinta de Gerena. 3. Lean la poesía de Hernández. 4. Escuchen la canción de los aceituneros. 5. Escriba usted la letra en su cuaderno. 6. Hagan los ejercicios. 7. Repítanlos.

8. Repetición del ejercicio 5
Emplee usted ahora la forma de cortesía:

A. No me atrevo a ir a su casa (de ella).
B. ¿Por qué no se atreve? ¡Atrévase!
1. No me atrevo a ir a su casa. 2. Y si voy, no le pregunto nada. Etc.

Lectura

19 D

Andaluces de Jaén

Jaén es una provincia de Andalucía: la que más aceite produce de toda España. Tiene extensos campos de olivos, que pertenecen a unos cuantos latifundistas. Tiene también uno de los más altos porcentajes de desempleo de toda España.

Al comienzo del invierno, durante la temporada de la recolección de la oliva, las familias enteras —hombres, mujeres y niños— salen a los olivares a recoger las aceitunas. Salen de madrugada, cuando aún no ha salido el sol, y vuelven de noche, cuando el sol ya se ha puesto. Pagan en esta época las deudas que han hecho durante el año anterior y, apenas han pagado, comienzan de nuevo a hacer deudas.

Jaén no es una excepción en la estructura socioeconómica de España. Las ocho provincias de Andalucía se encuentran en una situación parecida.

Ejercicios 19 E

1. Conversación sobre el texto *19 D*

1. ¿Qué es Jaén? 2. ¿Qué produce Jaén? 3. El olivo es un árbol: ¿qué da el olivo? 4. Un olivar es un campo de olivos: ¿a quiénes pertenecen los olivares de Jaén, a los aceituneros? 6. ¿En qué época del año se recogen las aceitunas? 7. ¿Quiénes van a recogerlas, los hombres y las mujeres solamente? 8. ¿A qué hora suelen salir los aceituneros al campo, a mediodía? 9. ¿Cuándo suelen volver del campo, por la tarde? 10. Con el dinero que ganan las familias en esta época, ¿qué pagan? 11. ¿Qué se dice en el texto sobre el desempleo en Jaén? 12. ¿Es muy distinta la situación en las demás provincias de Andalucía?

2. Imperativo: forma de cortesía.

A. Esto no puede continuar así:
¡hay que hacer algo!
B. Pues hágalo usted.

1. Esto no puede continuar así: ¡hay que hacer algo! 2. Hay que comenzar inmediatamente. 3. Hay que empezar en seguida. 4. Hay que ponerse a trabajar. 5. Hay que moverse. 6. Hay que madrugar. 7. Hay que levantarse. 8. Hay que esforzarse. 9. No podemos descansar.

En un pueblo cualquiera de Andalucía.

„Campo, campo, campo...
Entre los olivos,
los cortijos blancos."
                (Antonio Machado)

Madrid. Rascacielos de la Plaza de España.

Lección veinte

En Bolivia, cerca de Cochabamba   20 A

La señora Poncia y la joven Nacha

Nacha   Buenas tardes, señora Poncia.

Poncia   Buenas tardes, Nacha: llevas mucha prisa.

Nacha   Llevo prisa, sí: se hace tarde.

Poncia   Llevas un poncho muy bonito: ¿vas a la ciudad?

Nacha   Voy al rancho del Cholo.

Poncia   De allí vengo yo.

Nacha   ¿De allí viene usted? ¿A pie, y con esa carga?

Poncia   A pie, y con esta carga. Caminando despacio se llega lejos.

Nacha Sí, pero no por estos caminos,
llenos de piedras y barro.
Y ¡a su edad!
¿Por qué no espera
al carro del Chino?
A las cinco pasa por aquí.

Poncia El carro cuesta plata.

Nacha Pero su hijo gana bastante.
Y usted gasta bien poco.

Poncia ¡Gana bastante! ¡Gana bastante!
¡Para comer no basta!

Nacha ¡Qué muchacho!
¡Trabaja como un hombre!
¿No va este año al caucho?

Poncia En el caucho pagan mal,
y el calor de la selva achicharra.

Nacha ¿Pagan mejor en la mina?

Poncia Pagan peor,
pero está más cerca de casa.

Esquema gramatical 20 B

1. ir y venir *(Resumen)*

> —¿*Vas* a la ciudad?
> —*Voy* al rancho del Cholo.
> —De allí *vengo* yo.
> —¿De allí *viene* usted?
>
> | | ir | | | venir | |
> |---|---|---|---|---|---|
> | *yo* | voy | | | vengo | |
> | *tú* | vas | ¡ve! | | vienes | ¡ven! |
> | *usted* | va | ¡vaya! | | viene | ¡venga! |
> | *él* | va | | | viene | |
> | *nosotros* | vamos | | | venimos | |
> | *vosotros* | vais | ¡id! | | venís | ¡venid! |
> | *ustedes* | van | ¡vayan! | | vienen | ¡vengan! |
> | *ellos* | van | | | vienen | |
>
> Compare usted *ir* y *venir* con *llevar* y *traer*

2. Usos del verbo *llevar*

> a) Gonzalo lleva las maletas al mostrador.
> b) Poncia lleva una carga muy pesada.
> c) Nacha lleva un poncho muy bonito.
> d) Nacha lleva mucha prisa.
> e) ¿Puedo llevarme las llaves?
> f) El camino lleva a Cochabamba.

3. Observe las formas *impersonales*:

> En la mina *pagan* peor que en el caucho.
>
> *Se dice* que los andaluces son alegres...
> Eso *se dice*. Eso *dicen*. (*8 D*)
>
> Debajo de la mesa *se ve* una botella...
> Encima de la mesa *se ven* papeles... (*7 A*)

Ejercicios 20 C

1. Conversación sobre el texto *20 A*

1. ¿Qué es Cochabamba? ¿Dónde está? 2. ¿Qué es Bolivia? ¿Dónde está? 3. ¿Dónde viven Nacha y la señora Poncia, lejos de Cochabamba? 4. ¿A dónde va Nacha, a la ciudad? 5. ¿Va en coche? 6. Nacha camina de prisa: ¿por qué? 6. ¿Es vieja Nacha? 7. ¿Qué lleva, un abrigo? 8. ¿A quién encuentra en el camino? 9. ¿Qué dice la señora Poncia del poncho de Nacha, que no le gusta? 10. ¿De dónde viene Poncia? 11. ¿Camina Poncia de prisa? 12. ¿Por qué camina despacio, porque no tiene prisa? 13. Poncia va cargada: ¿sabe usted lo que lleva? 14. ¿No se imagina qué puede llevar? (¿maíz?, ¿patatas?) 15. ¿De dónde viene Poncia?

2. venir *(aquí)* / ir *(ahí, allí)*
traer *(aquí)* / llevar *(ahí, allí)*

(*B. está en casa y habla por teléfono con A.*)
A. Esta tarde no *vamos* a tu casa.
B. ¿Por qué no *venís*?
A. No podemos *ir*.
B. ¿Por qué no podéis *venir*?

1. Esta tarde no vamos a tu casa. 2. No podemos ir. 3. No te llevamos los libros. 4. No te los podemos llevar. 5. Yo tampoco voy a verte. 6. Inés tampoco quiere ir. 7. Tienes que venir tú aquí.

3. Conversación sobre el texto *20 A*

1. La señora Poncia viene del rancho del Cholo. ¿Viene en coche? 2. ¿Cómo es el camino por donde camina? 3. ¿Por qué no espera Poncia al «carro» del Chino? 4. ¿Qué dice Nacha a la señora Poncia, que gasta mucho? 5. ¿Qué dice Nacha del hijo de Poncia, que es un vago? 6. ¿Dónde trabaja el hijo de Poncia? 7. El muchacho no va este año a recoger caucho: ¿por qué no va? 8. ¿Dónde pagan peor, en la mina o en el caucho? 9. Si el trabajo en la selva se paga mejor, ¿por qué trabaja en la mina el chico de Poncia?

4. Diálogo

(*Estamos todos en casa de B. y nos hablamos de tú*)
A. ¿Podemos *ir* esta noche al cine?
B. *Id*, si queréis ir.

1. ¿Podemos ir esta noche al cine? 2. ¿Yo también puedo ir? 3. ¿Puedo ver esa película? 4. ¿Puedo irme ya? 5. ¿Vengo luego a verte? 6. ¿Puedo quedarme aquí esta noche? 7. ¿Me llevo las llaves?

5. Ponga en forma narrativa el texto *20 A*

Lectura 20 D

El llamado «Mundo Libre» calla y acepta

Bolivia, Paraguay, Argentina, Chile... ¡Repúblicas Presidenciales!, dicen nuestras enciclopedias y libros de texto. Y hablan luego de su Constitución, de la enseñanza obligatoria y gratuita, del desarrollo económico, de la seguridad social...

La realidad es muy distinta. La mayor parte de los países de Latinoamérica son dictaduras militares al servicio del capital extranjero y de unas cuantas familias privilegiadas. El pueblo, sin libertad y sin trabajo —o con salarios de hambre—, vive en la miseria. El analfabetismo, el desempleo y la mortalidad infantil alcanzan cifras increíbles.

Una y otra vez, los pueblos de Latinoamérica se levantan contra la opresión política, cultural y económica de las dictaduras. Pero una y otra vez, con la ayuda de las armas y el capital extranjeros, las dictaduras militares masacran al pueblo y vuelven al poder.

Ejercicios 20 E

1. Intento de discusión libre sobre la situación social de su país (de usted). Por ejemplo, sobre

La enseñanza: 1. ¿Es obligatoria? 2. ¿Es gratuita? 3. ¿A qué edad comienzan los niños a asistir a la escuela? 4. ¿A qué edad termina la enseñanza obligatoria y gratuita? 5. ¿Cuántos años dura? 6. ¿Necesitan los niños la ayuda de los padres para hacer las tareas? 7. ¿Pueden todos los padres ayudar a sus hijos? 8. ¿Tienen los hijos de los trabajadores una ayuda especial en la escuela? 9. ¿Está manipulada la enseñanza de la Historia y la Geografía? Etc.

La prensa: 1. Los periódicos de su país ¿en manos de quiénes están? ¿Están en manos del pueblo? ¿Pertenecen a unos pocos privilegiados? 2. ¿Quiénes determinan, en general, lo que se debe o no se debe escribir en los periódicos y revistas: ¿los periodistas, o sus propietarios? 3. Un periodista del Periódico X ¿puede informar libremente o escribir lo que piensa? 4. ¿Se puede pensar (o se suele pensar) libremente, cuando no se puede escribir libremente? 5. ¿Se puede llamar libre a un pueblo que piensa con las ideas de los propietarios de la prensa? Etc.

2. Repetición del ejercicio 20 C 4
(Emplee la forma de cortesía.)

A. ¿Podemos *ir* esta noche al cine?
B. *Vayan* (ustedes), si quieren ir.

1. ¿Podemos ir esta noche al cine? 2. ¿Yo también puedo ir? Etc.

Lección veintiuna

Gerardo el generoso, Juan y José, y el camarero del Bar Gijón   21A

Camarero   Buenas noches, señores.
¿Qué van a tomar?
Gerardo   ¿Qué vais a tomar?
Juan   Yo voy a pedir un tinto:
sólo me quedan diez duros.

Gerardo	Yo invito: hoy he vendido un cuadro.
Juan	(*Al camarero*) Entonces tráigame también un bocadillo de jamón: tengo el estómago vacío.
José	Y para mí, un blanco y unas tapas de calamares.
Gerardo	¿Por qué no pides media ración?
José	¿A mí también me invitas?
Gerardo	A ti también: ya os lo he dicho.
José	Acepto: media de calamares.
Gerardo	Y a mí me sirve usted una caña de cerveza y...
Camarero	Lo siento, sólo servimos botellas: ¿media?, ¿un tercio?, ¿un quinto?
Gerardo	Un tercio, y media ración de gambas.
Camarero	(*Escribiendo*) Un blanco, un tinto, un bocadillo de jamón, media ración de calamares y media de gambas. ¿Algo más?
Gerardo	Ha olvidado mi cerveza.
Camarero	Es verdad: un tercio. ¿No desean nada más?
Gerardo	Por ahora, nada más, gracias.
Juan	Oye, ¿te han pagado mucho por el cuadro?
Gerardo	Lo que he pedido.
Juan	¿Cuánto has pedido?
Gerardo	Más de lo que el cuadro vale.
Juan	¡Qué tío! ¡Qué suerte has tenido!

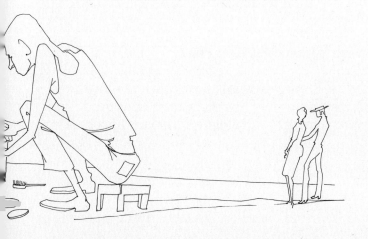

Esquema gramatical 21B

1. El futuro inmediato

> ir a + infinitivo
> –¿Qué *van a* tomar?
> –¿Qué *vais a* tomar?
> –Yo *voy a* pedir un tinto.
> *Etc.*

2. El pretérito perfecto

> *se forma siempre con el verbo*
> haber + *el participio del verbo que se conjuga:*
>
> yo —He vend*ido* un cuadro.
> tu —¿Cuánto *has pedido* por él?
> usted, él, ella —Ha olvid*ado* mi cerveza.
> Vds., ellos,-as —¿Te *han pagado* mucho por el cuadro?
>
> | pag*ar* | vend*er* | ped*ir* |
> |---|---|---|
> | he pag*ado* | he vend*ido* | he ped*ido* |
> | has pag*ado* | has vend*ido* | has ped*ido* |
> | ha pag*ado* | ha vend*ido* | ha ped*ido* |
> | han pag*ado* | han vend*ido* | han ped*ido* |
>
> **Participios irregulares:**
>
> *dicho* *hecho* *puesto*
> (decir) (hacer) (poner)
>
> Ya os lo he dicho.
> Pagan las deudas que han hecho. (*19 D*)
> El sol se ha puesto. (*19 D*)

3. servir (como p*e*dir, rep*e*tir o re*í*r)

> sirvo servimos
> sirves ¡sirve (tú)! servís ¡servid (vosotros)!
> sirve ¡sirva (usted)! sirven ¡sirvan (ustedes)!
>
> *Participio:* servido
> *Pretérito perfecto:* he servido, has servido, etc.

Ejercicios 21C

1. Conversación sobre el texto *21 A*

1. ¿Dónde están Gerardo y sus amigos? 2. El camarero se acerca y les pregunta... ¿Qué les pregunta? 3. ¿Qué pide Juan? 4. Juan tiene hambre, pero solamente pide un tinto: ¿por qué? 5. Y ¿por qué pide luego un bocadillo de jamón? 6. ¿Le gusta a usted el jamón español? 8. José pide también un vaso de vino: ¿qué clase de vino pide? 7. ¿Qué quiere tomar José con el vino, unas tapas de aceitunas?

2. Repita usted el objeto: *a mí... me / a ti... te / Etc.*

¡Atención! Acusativo: *a él... lo / a ella... la*
Dativo: *a él... le / a ella... le*

A. ¿*Os* ha invitado (Gerardo)?
B. No, *a nosotros* no *nos* ha invitado.

1. ¿Os ha invitado (Gerardo)? 2. ¿Ha invitado a Petra? 3. ¿Ha dicho algo a Petra? (!) 4. ¿Ha dicho algo a Andrés? 5. ¿Ha invitado a Andrés? 6. ¿Invitas tú a José? 7. ¿Y a mí? 8. ¿No nos invitas?

3. nada

A. ¿Qué le han servido (a usted)?
B. No me han servido nada.

1. ¿Qué le han servido a usted? 2. ¿Qué le van a servir? 3. ¿Qué le han traído? 4. ¿Qué le van a traer? 5. ¿Qué le han puesto de comer? 6. ¿Qué le van a poner? 7. ¿Qué ha pedido? 8. ¿Qué va a pedir?

4. ¿Y por qué no... vosotros(-as)/tú/él/ella?

A. Pide media ración de gambas para *nosotros*.
B. ¿Y por qué no la pedís *vosotros*?

1. Pide media ración de gambas para nosotros(-as). 2. Pide media ración de gambas para mí. 3. Pide unas tapas de queso para Petra. 4. Sírvele a Andrés un vaso de vino. 5. Sírvenos unos bacadillos. 6. Llévate estas botellas a la cocina. 7. Quita la radio. 8. Quita estos vasos de aquí. 9. Pon el tocadiscos o el magnetófono. 10. Trae la cinta de Gerena. 11. Pon la cinta de Gerena. 12. Ponme otro vaso de vino.

5. Conversación sobre el texto *21 A*

1. ¿Por qué invita Gerardo a sus amigos, porque ha ganado en la lotería? 2. ¿Cuánto le han dado por el cuadro? 3. ¿Cuánto ha pedido por él? 4. ¿Por qué le dice Juan que ha tenido mucha suerte? 5. Ge-

rardo pide una caña de cerveza, y el camarero le dice... ¿Qué le dice? 6. ¿Qué pide luego Gerardo? 7. ¿Qué tiene más cerveza, una botella de un tercio o una de un quinto (de litro)? 8. ¿Qué toma Gerardo con la cerveza? 9. Gerardo le recuerda al camarero que ha pedido una cerveza: ¿por qué? 10. El camarero pregunta: «¿No desean nada más?» ¿Qué responde Gerardo?

6. Diálogo

A. Voy a *traer* jamón?
B. ¿Todavía no lo *has traído*?

1. Voy a traer jamón. 2. Voy a ir a la tienda. 3. Voy a hacer unos bocadillos. 4. Voy a calentar el agua (!). 5. Voy a poner agua a calentar. 6. Voy a preparar una sopa. 7. Voy a poner la mesa en el salón. 8. Voy a poner la mesa.

7. he podido + infinitivo

A. ¿Ha terminado (de leer) la novela?
B. No la he podido terminar.
  O: No he podido terminarla.

1. ¿Ha terminado la novela? 2. ¿Ha entendido lo que ha leído? 3. ¿Ha leído hoy mucho? 4. ¿Ha trabajado hoy mucho? 5. ¿Ha descansado? 6. ¿Ha dormido? 7. ¿Ha desayunado (almorzado, cenado) ya?

8. Ponga en forma narrativa el texto *21 A*

Albergue Nacional de Carretera (Quintanar de la Orden, Toledo)

Lectura   21 D

¿Antes de las 12, o después de las 12?

En España los restaurantes solamente están abiertos a la hora de almorzar y a la hora de cenar: de 12 a 3, a mediodía, y de 9 a 12, por la noche. Antes o después de estas horas usted puede comer en los bares o cafeterías donde sirven también comidas. Pero no encuentra mucha variedad de platos en esos locales.

También los grandes almacenes tienen frecuentemente una cafetería, en la cual suelen servir comidas y en la que usted puede comer a cualquier hora del día, dentro del horario comercial, claro está.

Los grandes almacenes, como los demás comercios, suelen estar abiertos desde las 9 de la mañana hasta la 1, y de 4 a 7, por la tarde. ¿O ya no es así? Infórmese usted mejor en España. Pregunte a cualquiera por la calle: ¿A qué hora abren las tiendas? ¿Hasta qué hora están abiertos los comercios? ¿A qué hora cierran los restaurantes? ¡Pregunte usted! ¡Pregunte! ¿Por qué no pregunta?

Ejercicios 21E

1. Conversación sobre el texto *21 D*

1. Según el texto 21 D, ¿a qué hora abren en España los restaurantes a mediodía? 2. ¿A qué hora cierran? 3. ¿Desde cuándo y hasta cuándo están abiertos los restaurantes a mediodía? 4. ¿Y por la noche? 5. ¿Dónde puede usted comer antes o después de esas horas? 5. ¿Qué se dice en el texto sobre la variedad de platos? 7. Según el texto, ¿a qué horas están abiertas las tiendas en España? 8. ¿Le parece a usted bien este horario? 9. ¿Por qué le parece bien o le parece mal?

2. Infórmenos usted sobre los horarios de su país:

- A qué hora abren y cierran las tiendas y los grandes almacenes, los Bancos, las oficinas del Estado, los bares, los cines y teatros, los museos... El horario especial de los sábados...

- Desde qué hora y hasta qué hora circulan los autobuses, el metro y los tranvías: los días de trabajo, los sábados, los domingos...

- A qué hora suelen comenzar las clases y a qué hora suelen terminar. Si, en general, sólo hay clase por la mañana o si hay también clase por la tarde...

- A qué hora suele comenzar y terminar el trabajo en las fábricas y las oficinas...

- Etc.

Hostal de San Marcos (León)

Información 21F

Sobre hoteles y restaurantes

EN ESPAÑA la categoría de los restaurantes se distingue por el número de tenedores que tienen junto al rótulo.

Los restaurantes de más categoría son los de cinco tenedores. Los de menos categoría son los de un tenedor.

¿Por qué no ponen cucharas o cuchillos para distinguir la categoría de los restaurantes?

En los hoteles, hostales, paradores, albergues, fondas y pensiones es el número de estrellas —igual que en las neveras— el que indica su categoría.

Y —como las neveras— cuantas más estrellas tienen, más fríos son.

La cuenta o factura que tiene usted aquí al lado es de un restaurante de la última categoría, pero no se come mal en él.

JOSE CALVO QUEVEDO
Bar «EL FARO» Restaurante
CRUCE DE TORROX
(Málaga)

Nº 001581

17 - 6 - 75
Fecha

D. Juan Pérez R.

Núm.	CONCEPTO	IMPORTE
2	Pan	6
2	Ensalada	40
	Entremeses	
	Macarrones	
	Sopa de mariscos	
	Sopa de fideos	
	Sopa de la Casa	
	Paella de arroz con lomo	100
	Paella de arroz con pollo	
	Huevo frito con patatas	
	Tortilla de espárragos	
	Tortilla de jamón	
	Tortilla de alcachofas	
	Tortilla de patatas	
	Tortilla de champiñón	
	Tortilla de gambas	
	Bistec de ternera	
	Bistec de cerdo	
	Pollo con tomate ¼	
	Patatas fritas	
	Salmonetes	
	Rape	
	Lenguado	
	Calamares	
	Merluza	
	BEBIDAS	17
1	POSTRES	30
	HELADOS	

Lección veintidós

**Al volver a casa, Petra e Inés
se encuentran con Andrés**

22 A

Andrés   ¿De dónde venís?
Petra   Del cine.
Andrés   ¿En el cine habéis estado?
¿Qué habéis visto?
Petra   Hemos visto «La Prima Angélica».
Andrés   ¡Qué buena película!
Es la mejor que ha hecho Saura.
Petra   Eso dicen. Por eso hemos ido a verla.
Andrés   Y ¿os ha gustado?
Petra   A mí me ha gustado mucho.
¿Tú también la has visto?
Andrés   La he visto y me ha encantado.
Inés   Pues yo no la he entendido.
Andrés   No me extraña.
Esa película no es para extranjeros.
Inés   ¿Por qué?
Andrés   El extranjero no puede comprender
la represión que aquí hemos vivido.
Inés   ¿Por qué no? La represión política
no ha existido sólo en España.

Andrés	No se trata solamente de la represión política: es algo más amplio, más general.
Inés	¿Te refieres a la represión familiar?
Andrés	También me refiero a eso, sí.
Inés	Pues eso se da también un nuestro país.
Andrés	Ya os he dicho que en «La Prima Angélica» hay mucho más. ¿Por qué no vamos a verla otro día, los tres juntos?
Petra	Me parece una buena idea. Pero ahora ¿qué hacemos?
Andrés	¿Os apetece dar una vuelta? Os invito a tomar una copa en «El Rincón».

Esquema gramatical 22 B

1. **El pretérito perfecto *se forma siempre con el verbo* haber + *el* participio *del verbo que se conjuga.***

	haber	estado / entendido / vivido
yo	*he*	estado / entendido / vivido
tú	*has*	estado / entendido / vivido
usted	*ha*	estado / entendido / vivido
él, ella	*ha*	estado / entendido / vivido
nosotros,-as	*hemos*	estado / entendido / vivido
vosotros,-as	*habéis*	estado / entendido / vivido
ustedes	*han*	estado / entendido / vivido
ellos, ellas	*han*	estado / entendido / vivido

   Participios irregulares:

hacer	decir	poner
hecho	dicho	puesto

volver	ver	escribir	abrir	descubrir
vuelto	*visto*	*escrito*	*abierto*	*descubierto*

2. **DATIVO:**

   (A mí) .... no *me* ha gustado la película.
   (A ti) .... no *te* ha gustado.
   (A él, a ella, a usted) ... no *le* ha gustado.

   (A nosotros,-as) .... no *nos* ha gustado.
   (A vosotros,-as) ...... no *os* ha gustado.
   (A ellos,-as, a ustedes).. no *les* ha gustado.

   ACUSATIVO:

   (A mí) .... no *me* ha invitado Andrés
   (A ti) .... no *te* ha invitado.
   (A él) .... no *lo/le* ha invitado.
   (A ella) .... no *la* ha invitado.
   (A usted –hombre–) ... no *lo/le* ha invitado.
   (A usted –mujer–) ..... no *la* ha invitado.

   (A nosotros,-as) .... no *nos* ha invitado.
   (A vosotros,-as) .... no *os* ha invitado.
   (A ellos) .... no *los/les* ha invitado.
   (A ellas) .... no *las* ha invitado.
   (A ustedes –hombres–) no *los/les* ha invitado.
   (A ustedes –mujeres–) no *las* ha invitado.

Ejercicios 22 C

1. Conversación sobre el texto 22 A

1. ¿Dónde han estado Inés y Petra? 2. ¿Con quién se encuentran al volver a casa? 3. ¿De dónde vienen? 4. ¿Qué película han visto? 5. ¿Conoce Andrés la película? 6. ¿Qué dice de ella y de su director? 7. ¿Le ha gustado a Petra la película? 8. ¿Qué dice Inés de la película, que le ha encantado? 9. ¿Por qué piensa Andrés que un extranjero no puede entender esa película, porque sus diálogos son muy difíciles? 10. ¿A qué se refiere Andrés cuando habla de la represión? 11. A Petra le parece muy bien la idea de Andrés: ¿qué idea es ésa? 12. Andrés invita a Petra y a Inés: ¿a qué las invita?, ¿dónde? 13. Andrés dice: «¿Tenéis ganas de dar una vuelta?» ¿Cómo formula su pregunta?

2. ¿No te he dicho...?

A. ¿Qué has hecho esta tarde?
B. ¿No te he dicho lo que he hecho?

1. ¿Qué has hecho esta tarde? 2. ¿Dónde has estado? 3. ¿Con quién has salido? 4. ¿Dónde habéis estado? 5. ¿Adónde habéis ido? 6. ¿Qué habéis hecho? 7. ¿De qué habéis hablado? 8. ¿Cuándo habéis vuelto?

3. Gracias, ya he...

A. ¿Por qué no alm*ue*rza usted con nosotros?
B. Gracias, ya he alm*o*rzado.

1. ¿Por qué no almuerza usted con nosotros? 2. ¿Por qué no come con nosotros? 3. Pruebe usted este queso: es muy bueno. 4. ¿Le apetece tomar un café? 5. ¿Quiere leer el periódico mientras nosotros comemos? 6. Vea entretanto estas fotos. 7. ¿No le apetece dar un paseo por el parque? 8. ¿Hoy no duerme usted la siesta?

4. ¿Todavía no lo/ la/ los/ las...?

A. Tengo que escribir una carta.
B. ¿Todavía no la has escrito?

1. Tengo que escribir una carta. 2. Tengo que ir a correos. 3. Tengo que recoger un paquete. 4. Tengo que arreglar mi habitación. 5. Primero quiero hacer los ejercicios. 6. Antes tengo que estudiar la gramática. 7. Luego quiero oír la cinta del texto. 8. Pero primero voy a llamar a Inés. 9. Quiero ir con ella a comprar unos libros.

5. Acabo de . . .

A. ¿Por qué no alm*u*erzas conmigo?
B. Acabo de alm*o*rzar.

1. ¿Por qué no almuerzas conmigo? 2. ¿Por qué no pruebas el jamón? Está muy bueno. 3. ¿Te apetece tomar una cerveza? 4. Ve estas fotos mientras termino de comer. 5. Esta revista está muy bien. ¿La quieres leer? 6. Duerme la siesta.

6. Tampoco/también + pretérito perfecto

A. No lo ent*i*endo.
B. *Nosotros* tampoco lo hemos entendido.

1. No lo entiendo. 2. No lo puedo entender. 3. No lo comprendo. 4. (Aunque) me esfuerzo por comprenderlo. 5. (Pero) no pregunto. 6. No quiero preguntar. 7. No me parece bien preguntar. (!)

7. Ponga en forma narrativa el texto *22 A*

En Sevilla: una procesión de la Semana Santa.

Lectura 22 D

Los protagonistas de «La Prima Angélica».

Él es un hombre de unos cuarenta años. Está soltero. Se llama Luis. Ella es una mujer algo más joven que él. Se llama Angélica. Luis y Angélica son primos. Se han conocido en su infancia, se han querido como se quieren dos niños, se han separado niños aún, y ahora vuelven a encontrarse, después de largos años de separación:

Ella está ya casada. Se ha casado con un hombre por el que no siente el menor afecto. Tiene de él una hija, vivo retrato de la madre a su edad. Cuando Luis ve a la niña, revive en él el recuerdo de sus años infantiles: el recuerdo de aquel amor... y de su represión brutal.

En Angélica, junto con el recuerdo del tiempo perdido, despierta también su amor a Luis. Pero Luis ya no puede querer a esta Angélica adulta. Luis sólo puede soñar, recordar el pasado como una pesadilla y contemplar con sus asombrados ojos de niño lo absurdo de un sistema social que ahoga las fuerzas más vitales del hombre, sus sentimientos más profundos.

Ejercicios   22 E

1. Conversación sobre el texto *22 A*

1. ¿Cómo se llama la película que ha visto Petra? 2. ¿Cómo se llama el protagonista de la película? 3. ¿Qué edad tiene? 4. ¿Está casado? 5. ¿Cómo se llama la protagonista? 6. ¿Qué edad tiene? 7. Luis y Angélica no son marido y mujer: ¿qué son? 8. ¿Cuándo se han conocido? 9. ¿Cuándo se han separado? 10. ¿Cuándo vuelven a verse de nuevo? 11. Cuando vuelven a verse, ¿está ella aún soltera? 12. ¿Con quién se ha casado, con un hombre al que quiere mucho? (– ... el menor afecto.) 13. Angélica tiene una hija: ¿cómo es la niña? 14. ¿Qué pasa cuando Luis ve a la hija de Angélica? 15. ¿Qué despierta en Angélica cuando vuelve a ver a Luis? 16. ¿Por qué no puede Luis querer a su prima? (soñar, recordar, contemplar, ahogar...)

2. Conversación libre

1. ¿Usted sueña mucho? 2. ¿Tiene pesadillas con frecuencia? 3. ¿Recuerda sus sueños al despertar? 4. ¿Recuerda usted su infancia en sus sueños? 5. ¿Sueña con frecuencia que pierde el tren? 6. ¿Se despierta con frecuencia por la noche? 7. ¿Vuelve usted a dormirse después de despertar? 8. ¿Le cuesta mucho trabajo levantarse? 9. ¿Se levanta en seguida después de despertar? 10. ¿Se despierta usted solo(-a), o tiene que poner el despertador? 11. ¿A qué hora suele levantarse? 12. ¿Suele llegar tarde a su trabajo (o a la escuela)? 13. ¿A qué hora se acuesta? 14. ¿Cuántas horas duerme? 14. ¿Se siente muy cansado cuando despierta?

3. Cuéntenos usted lo que hace después de levantarse.

Lección veintitrés

¡Conozca usted España! 23 A

*En la Costa del Sol, a corta distancia
del mar, tiene el señor Gross una gran
villa, con un gran jardín delante de la
casa y una piscina grande detrás. Es el
tercer año que pasa allí sus vacaciones,
y ya conoce a toda la gente del pueblo.*

Gross ¡Buenos días, señor Eusebio!
¡Qué buen tiempo hace!

Eusebio ¿Bueno? ¿A esto llama buen tiempo?

Gross Nunca he visto un cielo más azul
ni un sol tan radiante.

Eusebio Mal tiempo, señor Gross.
Tiempo malo para la cosecha.

Gross   Ustedes siempre se quejan
del mal tiempo y de la mala cosecha.
No conozco a ningún campesino
contento con el tiempo que hace.
No he conocido a ninguno.

Eusebio   ¡Claro! Ustedes, los industriales,
viven de sus máquinas,
y el tiempo les da lo mismo.
¿Ha oído usted a algún alemán
protestar del sol?
¿Ha oído usted a alguno?
A ver si alguna vez inventan ustedes
la lluvia artificial.
¡Buena falta nos hace en este país!

Gross   ¡La lluvia! ¡Siempre con la lluvia!
¿Es que el sol no les da más?
El sol les trae turistas,
y el turismo se traduce en divisas:
dólares, marcos, libras, coronas...

Eusebio   ¡Coronas! ¡Coronas...!
¿Quién disfruta de las coronas?!

Esquema gramatical 23 B

1. a) **Delante de sustantivos masculinos en singular**
 no se dice: *bueno, malo, alguno, ninguno,
 primero, tercero,*
 se dice: *buen, mal, algún, ningún,
 primer, tercer.*

 —¡Qué *buen* tiempo hace!
 —¿*Bueno*? ... *Mal* tiempo, señor Gross,
 tiempo *malo* para la cosecha.
 —No conozco a *ningún* campesino contento ...
 No he conocido a *ninguno*.

 b) **Delante de sustantivos en singular, masculinos
 o femeninos,** *no* se dice: *grande, cualquiera,*
 se dice: *gran, cualquier.*

 Una *gran* villa, con un *gran* jardín delante
 y una piscina *grande* detrás.

 Pregunte usted a *cualquiera* por la calle. (*21 D*)
 Cualquier día, a *cualquier* hora ...
 Un día *cualquiera*, a una hora *cualquiera* ...

2. Casi todos los verbos que terminan en *-acer, -ecer,
 -ocer,* y todos los verbos que terminan en *-ucir*
 cambian la «*c*» en «*zc*», delante de «*o*» y de «*a*»:

	con*ocer*		trad*ucir*	
yo	cono*z*co		tradu*z*co	
tú	conoces	¡conoce!	traduces	¡traduce!
usted	conoce	¡cono*z*ca!	traduce	¡tradu*z*ca!
él	conoce		traduce	
nosotros	conocemos		traducimos	
vosotros	conocéis	¡conoced!	traducís	¡traducid!
ustedes	conocen	¡cono*z*can!	traducen	¡tradu*z*can!
ellos	conocen		traducen	

3. La lluvia artificial *nos hace* mucha *falta*. =
 Nosotros *necesitamos* la lluvia artificial.

 ¡*Buena* falta nos hace la lluvia artificial! =
 La lluvia artificial nos hace *mucha* falta.

Ejercicios 23 C

1. Conversación sobre el texto *23 A*

1. ¿Dónde tiene el señor Gross la villa, en la Costa Brava? 2. ¿Dónde está la Costa del Sol? 3. Y la Costa Brava ¿dónde está? 4. ¿A qué distancia del mar está la villa del señor Gross? 5. ¿Qué hay delante de la casa? 6. ¿Y qué hay detrás, un aparcamiento de coches? 7. ¿Desde cuándo pasa allí el señor Gross sus vacaciones, desde hace cinco años? 8. ¿A quién conoce en el pueblo, a algunas personas solamente? 9. En el diálogo, ¿con quién habla el señor Gross? 10. ¿Qué le dice del tiempo a Eusebio?

2. Conversación libre

Vocabulario: la playa   descansando
             la sierra   trabajando
             el campo   estudiando
             el bosque   escribiendo

A. ¿Dónde piensa pasar sus próximas vacaciones?
B. Las pienso pasar en ...
   O: Pienso pasarlas en ...

1. ¿Dónde piensa pasar sus próximas vacaciones? 2. ¿A dónde va este fin de semana? 3. ¿Cómo piensa pasar estos días de vacaciones? 4. ¿Dónde ha pasado las vacaciones pasadas? 5. ¿Por qué países hay que pasar para ir de donde usted vive a España? 6. ¿Qué tal han pasado ustedes el domingo? 7. ¿Cómo suelen pasar los fines de semana? 8. Tiene usted mala cara: ¿le pasa algo? 9. ¿Les ha pasado algo (a ustedes)?

3. Diálogo

(*Nos hablamos de tú.*)
A. Yo necesito un coche.
B. ¿Para qué *te* hace falta un coche?

1. Yo necesito un coche. 2. Eusebio necesita un tractor. 3. El señor Gross necesita una villa más grande. 4. La señora de Gross necesita otro bolso. 5. Vosotros(-as) necesitáis un magnetófono. 6. Tú necesitas las cintas de este libro.

4. Conversación sobre el texto *23 A*

1. El señor Gross habla del cielo y del sol: ¿qué dice? 2. Eusebio dice que el tiempo que hace es malo: ¿para qué es malo? 3. El señor Gross replica que los campesinos siempre se quejan: ¿de qué se quejan?

4. Luego dice Gross que conoce a muchos campesinos contentos con el tiempo que hace: ¿es verdad? 5. Eusebio dice que a los industriales el tiempo les da lo mismo: ¿por qué? 6. El señor Gross dice que el sol le da a España más que la lluvia: ¿qué quiere decir con eso? 7. ¿Qué piensa Eusebio sobre las divisas que el turismo lleva a España? 8. Y usted ¿qué piensa de esto?

5. Diálogo

Usted ha pasado fuera unos días. Vuelve a casa y sus amigos le hacen preguntas, a las que usted responde siempre con:

No ... ningún/ninguna ...

A. ¿Has estado con él (ella) algunos días?
B. No he estado con él (ella) ningún día.

1. ¿Has estado con él (ella) algunos días? 2. ¿Habéis salido juntos(-as) alguna vez? 3. ¿Has pasado solo(-a) todas las tardes? 4. ¿Has visto a muchos amigos? 5. ¿Te has encontrado con algún conocido? 6. ¿Has ido a la playa todos los días? 7. ¿Has ido al baile todas las noches? 8. ¿Te has acordado muchas veces de mí?

6. Conversación libre

1. ¿A qué distancia está su casa del sitio donde usted trabaja (o estudia)? 2. ¿Hay algún jardín o parque público cerca de su casa? 3. ¿Tiene su casa piscina, o solamente tiene cuarto de baño? 4. ¿Le gusta bañarse en una piscina? 5. ¿Cuándo va más gente a la piscina, cuando hace sol o cuando llueve? 6. ¿Llueve mucho en su tierra? 7. ¿Vive usted en una región agrícola, o en una región industrial? 8. ¿Conoce la vida de los campesinos? 9. ¿Quiénes cree usted que disfrutan más de la vida, los campesinos o los habitantes de la ciudad? 10. ¿Por qué? (Intento de discusión sobre este tema.)

7. Ponga en forma narrativa el texto *23 A*

Lectura

23 D

Bajo el cielo azul de España

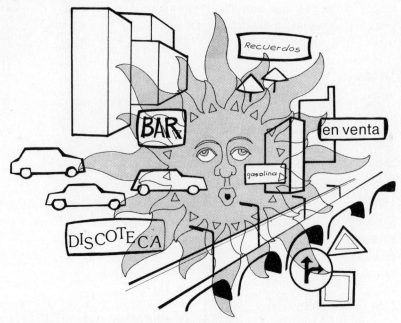

Carreteras y autopistas; hoteles con aire acondicionado y piscinas climatizadas; rascacielos de apartamentos en las playas; bares, cafeterías, discotecas ... Toda una infraestructura económica y un complejo gigantesco de servicios giran, bajo el cielo azul de España, alrededor del sol del turismo.

Ciertamente el turismo ha dado un gran impulso a la economía española. Miles de millones de pesetas han sido invertidos en preparar vías de acceso, alojamiento y recreo a 10, a 20, a 40 ... ¡a 62 millones y medio de turistas! ¡62.500.000! Son las cifras previstas para el año 1980 por el «III PLAN DE DESARROLLO ECONOMICO Y SOCIAL.»

Se ha construido* mucho, sí. Muchísimo. Pero se ha destruido más: se ha destrozado el paisaje de las costas; se han contaminado las aguas; se han hecho inversiones inútiles, basadas en previsiones ilusorias, y se ha descuidado el desarrollo de otros sectores económicos más importantes y menos dependientes de la coyuntura exterior.

* construir: construyo construyes construye
construimos construís construyen

Ejercicios 23 E

1. Ponga en forma pasiva las frases siguientes:

A. Se han invertido muchos millones.
B. Han sido invertidos muchos millones.

1. Se han invertido muchos millones. 2. Se han construido muchos hoteles. 3. Se han construido muchas carreteras. 4. Se ha destrozado el paisaje de las costas. 5. Se han contaminado las aguas. 6. Se han hecho inversiones inútiles. 7. Se han descuidado otros sectores económicos más importantes.

2. Intento de discusión sobre el tema del turismo

El grupo *A* (la «derecha» de la clase) busca argumentos *a favor* del turismo.
El grupo B (la «izquierda» de la clase) busca argumentos *en contra* del turismo.

Por ejemplo:

A. El turismo es una cosa muy buena para los países subdesarrollados. Lleva divisas. Y con esas divisas el país puede comprar... ¿Cómo se dice...? Sí, puede comprar máquinas en los países industriales y desarrollar su propia industria.

B. No estoy de acuerdo con lo que dice. La mayor parte del dinero que gastan los turistas se queda en las agencias de viaje y en ... en las compañías de turismo. Los turistas sólo pagan a los países pobres lo que se comen. Y a precios bajos. Mucho más bajos que en su país.

A. Eso no es cierto. Las compañías de turismo tienen que construir hoteles. Dan trabajo, no solamente a los camareros, sino a muchos trabajadores.

B. Dan trabajo durante una temporada. Y lo pagan mal. Porque los... los obreros en esos países ganan muy poco. Con el dinero que ganan los obreros de los países pobres no se pueden comprar las máquinas que hacen los trabajadores de los países ricos. Son muy caras.

A. ....

Lección veinticuatro

¿Qué están haciendo? 24 A

*Sobre la mesa, un cuaderno de dibujo,
lápices de colores, libros de cuentos . . .
Al lado de la mesa, una canasta de ropa:
pañuelos, toallas, camisas, camisetas,
bragas, calzoncillos, calcetines . . .
Sentados a la mesa, Pablito, su hermana
y su abuela. Pablito está pintando;
su hermana, leyendo; y la abuela, cosiendo.*

Abuela ¿Qué estás pintando, Pablo?

Pablito ¿No lo estás viendo?
Estoy pintando una casa.

Abuela ¡Qué bien te está saliendo!
Y ¡cuántas habitaciones!
¿Cuál es la sala de estar?

Pablito Esta grande, ¿no la ves?
Éste es el sofá; aquí está la mesa,
y a los lados están las sillas.
Mira, éste es tu sillón, ¿lo ves?

Abuela Quita de ahí el dedo . . . ¡Ah, sí!
Y los dormitorios ¿cuáles son?

Pablito Éste es el de papá y mamá;
éste es el tuyo; éste, el mío . . .

Abuela Y ¿dónde está tu cama?

Pablito Hoy estás ciega. ¿No la ves aquí?

Abuela ¡Ah, sí! Pero el cuarto de baño . . .
no lo veo.

Pablito No lo puedes ver, porque no hay.
Pero hay un patio grande, aquí,
detrás de la casa, y en el patio
he dibujado un caballo y un perro.
¿No los ves tampoco?

Abuela Por supuesto que los veo.
El caballo te ha salido muy bien:
parece de verdad. Y el perro también.
Anda, continúa pintando.
Yo tengo que seguir cosiendo.

Esquema gramatical   24 B

1. El gerundio

> **pint*ar***   **cos*er***   **sal*ir***
> pint*ando*   cos*iendo*   sal*iendo*
>
> *Observe:* leer → leyendo. (La «i» no acentuada, entre dos vocales, se cambia en «y».)
>
> ***estar* + *gerundio:*** Pablito   está pintando
>   Su hermana está leyendo
>   Su abuela   está cosiendo
>
> *Observe:* Pablito   está sentad**o**: está pintand**o**.
>   Su hermana está sentad**a**: está pintand**o**.

2. seguir *o* continuar + gerundio

> ¡Continúa pintando! = ¡Sigue pintando!
>
> Yo tengo que seguir cosiendo. =
> Yo tengo que continuar cosiendo.
>
> *Observe la irregularidad de* «seguir» *y la acentuación de* «continuar».
>
> sigo   seguimos   continúo   continuamos
> sigues   seguís   continúas   continuáis
> sigue   siguen   continúa   continúan
>
> *Participio:* seguido   *Participio:* continuado
> *Gerundio:* siguiendo   *Gerundio:* continuando

3. salir bien / salir mal

> La casa   que *estás* *pintando* te *está saliendo* muy bien.
> El caballo que *has*   *pintado*   te *ha* *salido*   muy bien.
> Todo lo   que *hacemos*   nos   *sale*   mal.

Ejercicios 24 C

1. Conversación sobre el texto *24 A* y la ilustración

1. ¿Qué hay encima de la mesa? 2. ¿Qué hay al lado de la mesa? 3. ¿Quiénes están sentados a la mesa? 4. ¿Dónde está la canasta, a la derecha de la abuela? 5. ¿Qué hay en la canasta? ¿Qué clase de ropa? 5. ¿Qué hay a la derecha de la hermana de Pablito? 6. ¿Sabe usted cómo se llama la hermana? 7. ¿Qué está haciendo la hermana de Pablito? 8. ¿Qué clase de libro está leyendo, una novela rosa? 9. ¿Qué está haciendo Pablito? 10. ¿Qué está haciendo su abuela?

2. Conteste usted por la abuela *(A)* de Pablito *(P)*.

P. ¿Me *coses* los calcetines?
A. Ya te los *he cosido*.

1. ¿Me coses los calcetines? 2. ¿Me lavas la camiseta? 3. ¿No me haces una camisa? 4. Y la comida ¿cuándo la preparas? 5. Caliéntame un poco de leche. 6. Mira este dibujo. 7. Este es otro, ¿no quieres verlo?

3. Sigue la conversación entre Pablo *(P)* y su abuela *(A)*

Todo está hecho, pero Pablito vuelve a preguntar.

P. ¿No me *coses* los calcetines?
A. Ya *están cosidos*.

1. ¿No me coses los calcetines? 2. ¿No me lavas la camiseta? 3. ¿No me haces una camisa? 4. ¿No terminas (de hacer) los pantalones? 5. ¿No preparas la comida? 6. ¿No pones la mesa?

4. Por teléfono

A. ¿*Habéis* terminado (de leer) la novela?
B. La *estamos terminando*.

1. ¿Habéis terminado (de leer) la novela? 2. ¿Habéis leído el último capítulo? 3. ¿Habéis oído la cinta que os he mandado? 4. ¿Ha llamado Andrés a Petra? 5. ¿Le ha escrito José a Inés? 6. ¿Has encontrado la dirección de Inés? (buscar)

5. Corrija usted: *(Texto 24 A)*

A. Pablito ha dibujado una cebra y un canguro.
B. No, ha dibujado un caballo y un perro.

1. Pablito ha dibujado una cebra y un canguro. 2. El caballo lo ha

puesto en un dormitorio; y el perro, en la cocina. 3. Las sillas y el sillón los ha puesto encima de la mesa. 4. La abuela no tiene las gafas puestas, y por eso no ve el cuarto de baño. 5. La abuela dice que el caballo parece un elefante. 6. Pablito deja de pintar. 7. Su abuela deja de coser. 8. Y su hermana deja de leer.

6. salir bien

(*Nos hablamos de tú.*)

A. Estos cuadros que ves aquí, los he pintado *yo*.
B. Te han salido muy bien.

1. Estos cuadros que ves aquí, los he pintado yo. 2. Este paisaje sin terminar, lo está pintando un amigo mío. 3. Y éste otro lo hemos pintado entre los dos: mi amigo y yo. 4. Éstas son las fotos que vosotros(-as) habéis hecho estas vacaciones. 5. Y ésta es la última foto que tú has hecho. 6. Tú haces fotos muy buenas. 7. Mira: ésta de la derecha es Petra. ¿Verdad que está muy bien? (!!!)

7. Al teléfono

Y como Petra tiene cumpleaños, la fiesta no termina. Alguien llama por teléfono, y usted responde siempre con

seguir + gerundio

A. ¿Habéis dejado de bailar?
B. No, aún seguimos bailando.

1. ¿Habéis dejado de bailar? 2. ¿No dejáis de beber? 3. Y Petra ¿no deja de reír? 4. ¿Ha dejado Juan de hacer el tonto? 5. Y Andrés ¿no deja de hablar? 6. ¿No dejan de llegar amigos? 7. Y yo no dejo de molestar con mis preguntas.

Lectura   24 D

Desde mi balcón lo veo

La mañana está radiante de luz y de sol. Sube del valle una brisa suave con olores a campo en primavera: olor a hierba cortada, a acacias en flor... Salen de sus casas, cargados con las pesadas carteras, niños aún peinados, limpios aún como el día, corriendo calle abajo, camino de la escuela.

Sus padres hace ya horas que están en los campos, labrando la tierra. En el interior de las casas sólo quedan las mujeres, ocupadas en sus tareas: haciendo las camas, limpiando los suelos, fregando los platos, recogiendo o lavando la ropa sucia, preparándose para salir a la plaza a hacer la compra...

Fuera, a la puerta de sus casas, los niños más pequeños juegan* en grupos y, a veces —como en un juego también, ¡tan serio para ellos!–, discuten y se pelean.

* *jugar:* juego, juegas, juega, jugamos, jugáis, juegan

Ejercicios 24 E

Conversación sobre el texto *24 D*

a) 1. ¿Cómo está la mañana? 2. ¿De dónde sube la brisa? 3. ¿Qué olores trae la brisa? 4. Salen de sus casas... ¿Quiénes salen de sus casas? 5. ¿A dónde van? 6. ¿Cómo van a la escuela, caminando despacio? 7. ¿Van sucios y despeinados?

b) 8. ¿Dónde están sus padres (de los niños)? 9. ¿Acaban de llegar a los campos? 10. ¿Qué están haciendo allí? 11. ¿Quiénes quedan en el interior de las casas? 12. ¿Qué están haciendo las mujeres? 13. ¿Qué ropa recogen y lavan, la ropa limpia? 14. ¿Qué hacen con los platos? 15. ¿Para qué se preparan luego?

c) 16. ¿Dónde están los niños más pequeños, dentro de las casas? 17. ¿Qué hacen, duermen? 18. Y a veces, en medio del juego, ¿qué pasa?

Típicas ventanas andaluzas, en una calle de Ronda (Málaga)

Aquí no llega el turismo. Jarandilla de la Vera (Cáceres)

Lección veinticinco

Estampa: saludos y cumplimientos 25 A

*Los maestros nuevos de Corral del Pino,
don José y doña Carmen, reciben la visita
del alcalde y su señora, doña Pilar.*

Don José   Encantado de conocerla, señora.
Doña Pilar   Encantada . . . Tanto gusto, doña Carmen.

El Alcalde	Me alegro mucho de verlos de nuevo. ¿Qué tal les va en el pueblo?
Doña Pilar	Demasiado tranquilo, ¿verdad?
Doña Carmen	Bueno, ya nos hemos acostumbrado. Pasen por aquí ... Tomen asiento ...
Doña Pilar	¡Qué suerte han tenido con la vivienda! Han encontrado una casa muy bonita.
Doña Carmen	Un poco pequeña para nosotros.
Doña Pilar	¿Tantos hijos tienen?
Doña Carmen	Tres: dos niñas y un niño.
Doña Pilar	No son muchos. Seis tenemos nosotros.
Doña Carmen	Bueno, en el pueblo los niños no dan tanto trabajo como en la ciudad.
Doña Pilar	Tiene razón: los nuestros están todo el día en la calle. ¿Qué edad tienen los suyos?
Doña Carmen	Pues la mayor tiene ya diez años, y el menor va a cumplir cinco. (*Llegan de la calle los dos menores.*)
El menor	¡Mamá! Tengo hambre.
Doña Carmen	Tú siempre tienes hambre. En la cocina tenéis vuestra merienda.
El alcalde	Este clima es muy sano para los niños. Es lo mejor que tiene el pueblo.
Don José	Pero creo que en verano hace mucho calor.
El alcalde	Sí, pero en primavera y en otoño hace una temperatura deliciosa. Y en invierno no hace mucho frío. Nosotros estamos aquí muy contentos.
Doña Carmen	¿No son ustedes de aquí?
Doña Pilar	No, pero ya llevamos aquí quince años.
Doña Carmen	¿Tanto tiempo? ¿Tantos años en un pueblo tan pequeño?

Esquema gramatical 25 B

1. tener

> tengo   tenemos
> tienes ¡ten!   tenéis ¡tened!
> tiene ¡tenga!   tienen ¡tengan!
>
> *Participio:* tenido   —¡Qué suerte han tenido!
> *Gerundio:* teniendo —¡Qué suerte están teniendo!

2.

> **mayor** = más grande   **mejor** = más bueno,-a
> **menor** = más pequño,-a   **peor** = más malo,-a
>
> *mayor* y *menor* se emplean, sobre todo, en sentido figurado:
>
> > La mayor tiene ya 13 años.
> > El menor va a cumplir 6 años.
>
> *Observe el empleo del artículo neutro* **lo**
>
> > Lo mejor que tiene el pueblo es el clima.

3.

> *Adjetivos* { **mucho,-a,-os,-as** / **tanto,-a,-os,-as** } Delante de substantivos.
>
> —Han tenido mucha suerte.   (la suerte)
> —¿Tantos hijos tienen?   (los hijos)
> —No son muchos. (hijos)
> —Hace mucho calor.   (el calor)
> —Hace mucho frío.   (el frío)
>
> *Adverbios* { **mucho** / **tanto** } Con verbos y delante de *mejor/ peor/ mayor/menor/más* y *menos*.
>
> { **muy** / **tan** } Delante de adjetivos y adverbios.
>
> —Nos alegramos mucho.
> —Han encontrado una casa muy bonita.
> —Es mucho más bonita que la nuestra.
> —Es tan bonita como la nuestra.
>   Está muy lejos de la nuestra.
> —Este clima no es muy frío.

Ejercicios 25 C

1. Conversación sobre el texto *25 A*

1. ¿Quién visita a quién? 2. ¿Cómo se llama la mujer del alcalde? 3. ¿Quiénes son don José y doña Carmen? 4. ¿Cómo se llama el pueblo adonde han ido de maestros? 5. ¿Cómo se imagina usted este pueblo? 6. Don José no conoce a la señora del alcalde. ¿Cómo la saluda? 7. Doña Pilar no conoce a la maestra. ¿Cómo la saluda? 8. El alcalde conoce ya a los maestros. ¿Cómo los saluda? 9. ¿Por qué dice la esposa del alcalde que han tenido suerte los maestros? 10. ¿Está contenta doña Carmen con su vivienda?

2. Conversación libre

A. ¿Cuánto tiempo lleva usted aquí?
B. Llevo aquí media hora/un cuarto de hora/...
veinte minutos/ cinco minutos/...

1. ¿Cuánto tiempo lleva usted aquí? 2. ¿Cuánto tiempo hace que está usted aquí? 3. ¿Desde cuándo está usted aquí, desde las cinco de la tarde? 4. ¿Desde cuándo está usted aquí, desde hace tres horas? 5. ¿Cuánto tiempo piensa quedarse aquí todavía? 6. ¿Cuándo piensa usted irse de aquí? 7. ¿A dónde piensa ir luego? 8. Y ustedes ¿cuánto tiempo llevan aquí? 9. ¿Cuánto tiempo piensan quedarse? 10. ¿Cuándo se marchan, dentro de cinco minutos? 11. ¿Adónde piensan ir luego?

3. Conversación libre

A. ¿Hace frío?
B. No, no hace frío.
  O: Sí, hace frío.

1. ¿Hace frío? 2. ¿Tiene usted frío? 3. ¿Hace calor? 4. ¿Tienen ustedes calor? 5. ¿Qué temperatura hace? 6. ¿Dónde hace más frío, en España o en su país? 7. ¿Cuándo hace más calor, en invierno o en verano? 8. ¿Cuándo son las noches más cortas, en invierno o en verano? 9. ¿Y los días?

4. Conversación sobre el texto *25 A*

1. ¿Cuántos hijos tienen los maestros? 2. ¿Son todos niños? 3. ¿Qué edad tiene la mayor? 4. ¿Qué edad tiene el menor? 5. ¿De dónde llegan los dos menores? 6. El menor llega diciendo que tiene frío. ¿Es verdad?

¿Qué dice? 7. Su madre le dice que en el armario tiene el abrigo. ¿Es cierto? ¿Qué le dice? 8. ¿Qué es la merienda? 9. ¿Qué dice el alcalde del clima y de los niños? 10. Pero don José no está de acuerdo. ¿Por qué?

5. ¿cuándo?/cuando/¿qué día?

A. ¿Cuándo comienza el verano?
B. Cuando termina la primavera.

A. ¿Qué día comienza el verano?
B. El veintiuno de junio.

1. ¿Cuándo comienza el verano? 2. ¿Cuándo comienza el otoño? 3. ¿Cuándo comienza el invierno? 4. ¿Cuándo empieza la primavera? 5. ¿Qué día comienza la primavera? 6. Diga usted qué día empieza el otoño y qué día empieza el invierno. 7. ¿En qué época del año toma usted sus vacaciones y por qué?

6. *En lo bueno y en lo malo, Corral del Pino siempre gana al pueblo de A.*

A. Mi pueblo tiene un clima muy sano.
B. El del Corral del Pino es mucho más sano.

1. Mi pueblo tiene un clima muy sano. 2. Mi pueblo tiene un clima muy bueno. 3. Pero el agua es muy mala. 4. Mi pueblo está muy lejos de la capital. 5. En mi pueblo la vivienda está muy barata. 6. En mi pueblo hay muchas casas vacías. (!) 7. De mi pueblo se va mucha gente. (!)

7. Ponga en forma narrativa el texto *25 A.*

En Almería, el ombligo de la España seca.

Lectura 25 D

¿Típico, o tópico? *(España en color)*

Una calle larga y estrecha. A uno y otro lado de la calle, bajo el cielo azul, casas blancas. Contrastan con su blancura el rojo, rosa y malva de los geranios que adornan balcones y ventanas.

Una mujer morena sube la calle arriba; tira de un burro que lleva, entre pajas amarillas, cuatro cántaros de agua. Sale a la puerta un viejo: «Vaya usted con Dios, Soledad.»

Quema el sol de mediodía y dibuja una cinta de sombra oscura en la fachada norte de las casas. Cruza la calle un perro. Sentados en el suelo, a la sombra, dos niños de piel tostada y ojos negros juegan a «tres en raya». Desde lo alto, la farola de la esquina los mira, muda, solitaria.

—¡Ya está completa la estampa de un pueblo andaluz! ¡La estampa de un pueblo cualquiera de España!

—¿De España? ¿Completa su estampa? Faltan la guitarra y el torero; el cura y la iglesia; los gitanos y la Guardia Civil. Faltan muchas cosas más. Falta ... ¿Qué más falta?

Ejercicios 25 E

Conversación sobre el texto *25 D*

a) *Una calle* . . . 1. ¿Cómo es la calle, corta y ancha? 2. ¿De qué color son las fachadas de las casas? 3. ¿Qué hay en los balcones y ventanas? 4. ¿De qué color son las flores de los geranios? 5. ¿Para qué pone la gente geranios en las ventanas?

b) *Una mujer* . . . 1. ¿Cómo se llama la mujer? 2. ¿Es rubia? 3. ¿Qué hace Soledad?, ¿está sentada en la puerta de su casa? 4. ¿Va sentada en el burro? 5. ¿Qué lleva el burro? 6. ¿Qué llevan los cántaros? 7. Los cántaros van entre pajas. ¿De qué color es la paja?

c) *Un viejo* . . . 1. ¿Cómo se llama el viejo? 2. ¿De dónde ha salido? 3. ¿A quién saluda? 4. ¿Cómo la saluda, dándole la mano?

d) *Dos niños* . . . 1. ¿Qué se dice de su piel y de sus ojos? 2. ¿Van corriendo por la calle? 3. ¿Están sentados al sol, en medio de la calle? 4. ¿Están peleándose? 5. ¿Por qué no están sentados al sol? 6. ¿A qué juegan? 7. ¿Conoce usted el juego «tres en raya»? 8. La calle hace esquina: ¿qué hay en la esquina de la calle? 9. ¿Qué se dice de la farola?

e) *Complete usted la estampa de la España tópica.*

f) *Compare usted esa estampa con la de la España turística, comercial e industrial.*

Gaucín (Málaga), a pocos kilómetros de Torremolinos.

Santiago de Compostela (La Coruña), en la España húmeda y verde: en Galicia.

Torremolinos (Málaga), a corta distancia de Gaucín.

Glosario Español-Alemán
Spanisch-deutsches Wörterverzeichnis

Tilde und Bindestrich als Abkürzungszeichen: Die Tilde (~) vertritt das ganze spanische Stichwort, z. B. bei **beber** ... **~se** (= beberse), **falta** ... **nos hace** ~ (= nos hace falta). Der Bindestrich (-) bedeutet Ersatz des Endvokals -o der Maskulinform durch -a der Femininform, z. B. **alguno,-a** (= alguna), **abuelo (-a)** (= abuela); ebenso wird er gebraucht, wenn bei der Femininform die Schreibweise sich ändert, z. B. **alemán (-ana)** (= alemana), **francés (-esa)** (= francesa).
Angaben in Klammern hinter einem Verbum weisen auf Unregelmäßigkeiten in der Konjugation hin, z. B. **cerrar** (-ie-) (= cierro), **probar** (-ue-) (= pruebo), **conocer** (-zc-) (= conozco).
Zahlen oder Buchstaben bei den einzelnen Stichwörtern beziehen sich auf die Lektionen bzw. deren Abschnitte.

Abkürzungen

Abk.	Abkürzung	*mask.*	maskulin
Adj.	Adjektiv	*Part.*	Partizip
Adv.	Adverb	*Pers.*	Person(en)
Akk.	Akkusativ	*Pl.*	Plural
Art.	Artikel	*s.*	siehe
Dat.	Dativ	*Sg.*	Singular
fem.	feminin	*Subst.*	Substantiv
Inf.	Infinitiv	*u.*	und
lit.	literarisch		

A

a nach, zu, in, auf, an, um, bei, bis, -hin; ~ **ustedes** (*Dat.*) Ihnen 2A; ~ **la señorita** (*Dat.*) dem Fräulein 4A; ~ **treinta kilómetros** 30 km entfernt 5D; ¿~ **dónde van?** wohin fahren sie? 6D; **van** ~ **Francia** sie fahren nach Frankreich 6D; **quieren ver** ~ **sus amigos** (*Akk. von Pers.*) sie wollen ihre Freunde sehen/besuchen 6 D; ¿~ **qué hora?** um wieviel Uhr? 9A; ~ **las doce** um 12 Uhr 9A; **de nueve** ~ **doce** von 9 bis 12 Uhr 21D; **llegan** ~ **Barcelona** sie kommen in Barcelona an 9D; ~ **su lado** an seiner Seite 13A; ~ **primeros de junio** Anfang Juni 15C 6; **se pone** ~ **leer** er fängt an zu lesen 15D; ¿**qué respondes tú** ~ **eso?** was antwortest du darauf? 16A; ~ **la derecha** rechts 17A; ~ **pie** zu Fuß 20A; ~**su edad** bei Ihrem Alter 20A; ~ **favor de** ... zu Gunsten von ... 23E 2
abajo unten, hinunter 24D
abierto,-a (*abrir*) geöffnet 21D; **esos claveles están muy** ~**s** diese Nelken sind zu sehr aufgeblüht 13A
el **abogado** Rechtsanwalt 11E 2
abrazar umarmen 13D
el **abrazo** Umarmung 10A
el **abrigo** Mantel 13C 2

abril April 9E 3
abrir öffnen, aufmachen 15D
absurdo,-a absurd 7A
el (la) **abuelo(-a)** Großvater (Großmutter) 17A
aburrido,-a (*aburrir*) langweilig 11A
acabar de + *Inf.* gerade + *Part.* + haben/sein: **acaba de comprar** er hat gerade gekauft 19A; **acabamos de llegar** wir sind gerade angekommen 19C 6
la **acacia** Akazie 24D
la **academia** Privatlehranstalt 3D
el **acceso a** Zugang, Zufahrt(sstraße) zu 23 D
el **aceite** Öl 19D
la **aceituna** Olive 19D
el (la) **aceitunero(-a)** Olivensammler(in) 19D
la **acentuación** Betonung 1B 4
aceptar akzeptieren, annehmen 20D
acercarse a sich nähern 15D
acompañar begleiten 15D
acondicionado: con aire ~ mit Klimaanlage 23D
acordarse de (-ue-) sich erinnern an 15D
acostarse (-ue-) zu Bett gehen 14A
acostumbrado,-a gewöhnt 14A
acostumbrarse a sich gewöhnen an 24A
de acuerdo einverstanden 10A; **estar** ~ einverstanden sein 10A; einer Meinung sein 16A

el **acusativo** Akkusativ (*4. Fall*) 6D
achicharrar auszehren, verbrennen 20A
además de außer 14D
adiós auf Wiedersehen 2A
el **adjetivo** Eigenschaftswort, Adjektiv 5B 2
el (la) **administrador(a)** Verwalter(in) 5A
admitir zulassen 9C 6
¿**adónde**? (= ¿a *dónde*?) wohin? 6D
adornar schmücken 25D
la **aduana** Zoll, Zollamt 13A
adulto,-a erwachsen 22D
aéreo,-a Luft- ... 7D;
 correo ∼ Luftpost 7D
el **aeropuerto** Flughafen 9A
afirmativo: imperativo ∼ bejahter Imperativ 10B
la **agencia de viajes** Reisebüro 9D
agosto August 9 E 3
agresivo,-a aggressiv 16D
agrícola landwirtschaftlich 8D
el **agua** (*fem., s.* 19B 4) Wasser 2A;
 ∼ **mineral** Mineralwasser 7A
ahí dort (*beim Angesprochenen*) 6A
ahogar ersticken 22D
ahora jetzt 3A; **por** ∼ vorläufig 21A
el **aire** Luft 23D
al (= *a + el*) *s.* **a**; ∼ **teléfono** am Telephon 4A; ∼ **señor Molina** Herrn Molina 4A; ∼ **mes** im/pro Monat 5A; ∼ **principio** am Anfang 10B 4; ∼ **servicio de** im Dienste von 20D; ∼ **despertar** beim Aufwachen 22E 2
el **albergue** Herberge 21F
el **álbum** Album 17A
la **alcachofa** Artischocke 21F
el **alcalde** Bürgermeister 25A
alcanzar erreichen 20D
alegrarse de sich freuen über 13D
alegre fröhlich, lustig 8D
la **alegría** Freude 14D
alejarse de sich entfernen von 13 D
alemán(-ana) deutsch, Deutscher (Deutsche) 3A
Alemania Deutschland 2C 6, 3A
algo etwas 18D
alguien jemand 11A
algún (*vor Subst. mask. Sg. anstelle von* „*alguno*") 14B 4
alguno,-a irgendein(er,-e), irgendwelche(r, -s) 23A, 23B 1;
 -a vez irgendwann 23A
algunos,-as einige 8D
el **alma** (*fem., s.* 19B 4) Seele 19A
los **almacenes** Kaufhaus 11E 2
almorzar (*-ue-*) zu Mittag essen 14A
el **almuerzo** Mittagessen 9C 4
el **alojamiento** Unterkunft 23D
alquilar mieten 5A (*auch* vermieten)
el **alquiler** Miete 5A
alrededor de um ... herum 23D
altivo,-a stolz 19A
alto,-a hoch 5D;
 desde lo ∼ von oben aus 25D
el (la) **alumno(-a)** Schüler(in) 1C 1
allá dort (*vom Sprechenden u. Angesprochenen entfernt*) 13D (*in Lateinamerika üblicher als* „*allí*")
allí dort (*vom Sprechenden u. Angesprochenen entfernt*) 13A (*in Spanien üblicher als* „*allá*")
amable freundlich 19A
amarillo,-a gelb 13A
la **América Latina** Lateinamerika 8D
el (la) **amigo(-a)** Freund(in) 3A
amplio,-a geräumig, groß 14D
el **amor** Liebe 22D
amueblado,-a möbliert 14D
amueblar möblieren 14D
el **analfabetismo** Analphabetentum 20D
anárquico,-a anarchisch, ohne jede Ordnung 16D
ancho,-a breit 5D
¡**anda**! geh!, los! 13A
Andalucía Andalusien 8A
andaluz,-a (*Pl.* -**ces**, -**zas**) andalusisch, Andalusier(in) 8D
animar beleben, auflockern 11D
anterior vorhergehend, vorig 19D
antes zuerst, vorher, früher 10A; ∼ **de** vor (*zeitlich*) 21D
antiguo,-a alt (*altmodisch, antik*) 5D
anual jährlich 18D
anunciar ankündigen 10D
el **año** Jahr 9E 3
el **aparcamiento** Parkplatz 13D
el **apartamento** Appartement 3A
apasionado,-a leidenschaftlich 16D
apenas kaum 11D
¿**os apetece** ...? habt Ihr Lust ...? 22A
aprender lernen 3D
aproximadamente ungefähr 15A
aquel, aquella (*pl.* -**llos**, -**llas**) jene(r,-s) (*vom Sprechenden u. Angesprochenen entfernt*) 13A, B
aquello das dort (*s.* „*aquel*") 13B
aquí hier (*beim Sprechenden*) 4A
árabe arabisch, Araber(in) 18A
el **árbol** Baum 19E 1
arenoso,-a sandig, sandreich 5D
argentino(-a) argentinisch, Argentinier(in) 8A
el **argumento** Argument 23E2
el **arma** (*fem. s.* 19B4) Waffe 20 D
el **armario** Schrank 6A
el **armario-librería** Bücherschrank 14D
el **armario-ropero** Kleiderschrank 14D
el **arquitecto** Architekt 1A
arreglar(se) (sich) (her)richten 12D; in Ordnung bringen 15E 2
arriba hinauf 25D
el **arroz** Reis 21F
artificial Kunst- ..., künstlich 23A
así so 11D
asistir a la escuela die Schule besuchen 20E
asombrado,-a erstaunt 22D
¡**atención**! Achtung! 19B
aterrizar landen 13D
el **ático** oberstes Stockwerk 14D
atrasado,-a: tu reloj va ∼ Deine Uhr geht nach 13A
atreverse a sich trauen, wagen 15D

183

aumentar zunehmen 18D
el **aumento** Zunahme, Zuwachs 18D
aún noch 15D
aunque obwohl 18D
Austria Österreich 8A
austríaco(-a) österreichisch, Österreicher(in) 8B 3
el **autobús** Bus 6C 1
el **automóvil** Auto(mobil) 11E 2
el (la) **autonomista** Befürworter(in) der Autonomie 8D
la **autopista** Autobahn 9A
la **avenida** Avenue, Allee 11E 2
el **avión** Flugzeug 6A
la **ayuda** *(ayudar)* Hilfe 20A
la **azafata** Stewardess 13A
el **azúcar** Zucker 2D
azul blau 13A

B

el **bachillerato: instituto de** ∼ Gymnasium, Oberschule 11E 2
baila er/sie tanzt 1A
bailar tanzen 1A
el **baile** Tanz, Ball 1A
bajar hinunter-gehen, -kommen 4A; aussteigen 5A
bajo en seguida ich komme sofort hinunter 5A
bajo el cielo unter dem Himmel 23D
bajo,-a niedrig 5D; klein *(auf Personen bezogen)* 17E 2
el **balcón** Balkon 14E 2
el **Banco** Bank 1A
el **banco** (Sitz-)Bank 15D
el **banquero** Bankier 1A
bañarse (sich) baden 23C 6
el **baño** Bad 14D
  el **cuarto de** ∼ Badezimmer 14D
el **bar** Trink-, Imbißstube 1C 3
barato,-a billig 5A
la **barba** Bart 17A
la **barra** *(del bar)* Theke 10D
el **barro** Schlamm 20A
la **báscula** Waage 12A
bastante ziemlich, genug 9A
bastar genügen 20A
beber trinken 13A; ∼**se** austrinken 13A
la **bebida** Getränk 10D
la **belleza** Schönheit 11E 2
el **bengalí** das Bengali 18A
besar küssen 13D
el **beso** Kuß 13D
bien gut 4D; ∼ **poco** sehr wenig 20A
el **billete de avión** Flugschein 6A
el **billete de ferrocarril** Fahrkarte 9C 5
el **bistec** Steak 21F; ∼ **de cerdo** Schweinesteak 21F; ∼ **de ternera** Kalbssteak 21F
blanco,-a weiß 25D; **un** ∼ ein Glas Weißwein 21A
la **blancura** Weiße 25D
el **bloque** Block 5D
la **blusa** Bluse 13C 1
el **bocadillo** belegtes Brot 21A
el **bolígrafo** Kugelschreiber 7A
Bolivia Bolivien 20A

la **bolsa de plástico** Plastik-tasche, -tüte 6A
el **bolso** Handtasche 6A
bonito,-a hübsch, schön 13A
la **botella** Flasche 2A
las **bragas** Damenunterhose 24A
¡**bravo**! bravo! 10A
el **brazo** Arm 15D
la **brisa** Brise 24D
la **broma** Spaß 10A
brutal brutal 22D
buen *(vor Subst. mask. Sg. anstelle von "bueno")* gut 9A, 23 B 1; ∼ **viaje** gute Reise 9A; ∼ **tiempo** schönes Wetter 23A
bueno,-a gut 2A; ∼**s días** guten Tag 5A ∼,... nun, gut... 10A
la **bufanda** Schal 17D
el **burro** Esel 17D
buscar suchen 6D

C

caballeros Herren 11E 2
el **caballo** Pferd 24A
la **cabeza** Kopf 11D
cada jede(r,-s) 18D; ∼ **año** jedes Jahr 18D
Cádiz Stadt in Südspanien, berühmt wegen ihres Karnevals 1A
el **café** Kaffee 2A; Kaffeehaus 2D
la **cafetería** Cafeteria 1C 1
la **caja** Schachtel 7A
el **calamar** Tintenfisch 21A
los **calcetines** *(Sg. el calcetín)* Socken 24A
calcula er/sie (be)rechnet 1A
calcular (be)rechnen 1A
calentar *(-ie-)* (er)wärmen 17A
caliente warm 4D
el **calor** Hitze, Wärme 20A; **hace** ∼ es ist heiß 25A; ¿**Tiene(n) usted(es)** ∼ ? Ist Ihnen warm? 25C 3
calzados Schuhwaren 11E 2
los **calzoncillos** Herrenunterhose 24A
callar schweigen 20D
la **calle** Straße 3A
la **cama** Bett 12C 3
la **cámara fotográfica** Photoapparat 17C 3
el (la) **camarero(-a)** Kellner(in) 2A
cambia er/sie wechselt 3A
cambiar wechseln, tauschen, ändern 3D
el **cambio** Änderung 11B 1; Wechsel, Austausch 14A; **primer** ∼ **de impresiones** erster Meinungsaustausch 14A
caminar zu Fuß gehen, wandern 20A
el **camino** Weg 20A; ∼ **de la escuela** auf dem Weg in die Schule 24D
la **camisa** Hemd 12C 3
la **camiseta** Unterhemd 24A
el (la) **campesino(-a)** Bauer (Bäuerin) 23A
el **campo** Feld, Land 19D
las **(islas) Canarias** die Kanarischen Inseln 2C 6
la **canasta** Korb 24A
la **canción** Lied 4D

el **canguro** Känguruh 1A
cansado,-a müde 7A; **estoy** ∼, **-a** ich bin müde 7A
el (la) **cantante** Sänger(in) 4A
el (la) **cantaor(a)** Flamencosänger(in) 19C 3
cantar singen 17D
el **cántaro** Krug 24D
la **caña** (Bier-)Glas 21A
la **capital** Hauptstadt 5
el **capital** Kapital 20D
el **capítulo** Kapitel 24C 4
la **cara** Gesicht 10D;
 tiene(n) usted(es) mala ∼ Sie sehen schlecht aus 23C 2
el **carácter** Charakter 1A
la **carga** Last 9C 6
cargado,-a *(cargar)* beladen 13D
el **carnaval** Karneval 1A
la **carne** Fleisch 2A
la **carnicería** Metzgerei 14D
el (la) **carnicero(-a)** Metzger(in) 14E 4
caro,-a teuer 5A
la **carretera** Landstraße 23D
el **carrito** kleiner Karren, Gepäckwagen 13D
el **carro** Karren, Gepäckwagen 13D; Auto (*in Südamerika*) 20A
la **carta** Speisekarte 2A; Brief 10D
el **cartel** Plakat 10D
la **cartera** Aktentasche 6A; Tasche 10D; Schulmappe 24D
el **cartero** Briefträger 10D
la **casa** Haus 5D; Wohnung 9C 3; **en** ∼ zu Hause 3A; **está en** ∼ **de Petra** sie / er ist bei Petra; **ir a su** ∼ zu ihr/ihm/ihnen/Ihnen gehen/fahren 19C 4
casado,-a *(casarse)* verheiratet 22D; **está -a con** sie ist verheiratet mit 22D
casarse con sich verheiraten mit 22D
castellano(-a) kastilisch, spanisch, Kastilier(in) 8A, D
Castilla Kastilien 8A
catalán(-ana) katalanisch, Katalane (Katalanin) 8D
Cataluña Katalonien 8D
la **categoría** Kategorie, Klasse 21F
catorce vierzehn
el **caucho** Kautschuk, Gummi 20A
la **causa** Ursache, Grund 18D
la **cebra** Zebra 1A
la **cena** Abendessen 9C
cenar zu Abend essen 14A
el **cenicero** Aschenbecher 7A
centralista Befürworter der zentralistischen Staatsverwaltung 8D
céntrico,-a: una calle ∼**a** eine Straße im Zentrum S. 99
el **centro** Zentrum 14D
cerca nahe, in der Nähe 9A; ∼ **de** nahe von 5A; beinahe, fast 18D
el **cerdo** Schwein(efleisch) 21F
las **cerillas** Streichhölzer 7A
cero null 7A
cerrado,-a geschlossen 10D
cerrar *(-ie-)* schließen 15D
la **cerveza** Bier 2A

ciego,-a blind 6A
el **cielo** Himmel 13D
cien (*vor Subst. u. „mil"* anstelle von „ciento") hundert 3D
ciento hundert 6E 3
ciertamente *(Adv.)* gewiß, sicher 32D
cierto,-a *(Adj.)* gewiß 23E 2; **eso no es** ∼ das stimmt nicht 23E 2
la **cifra** Ziffer 18D
el **cigarrillo** Zigarette 13C 5
cinco fünf 3E 1
cincuenta fünfzig 2D
el **cine** Kino 3A
la **cinta** Tonband 17E 1; Streifen 25D
el **circo** Zirkus 1A
circular verkehren, fahren 21E 2
la **ciudad** Stadt 1A
claro,-a klar, natürlich 7A; ∼ **que...** natürlich... 7A; ¡**Pues** ∼! Aber natürlich! 15 A
la **clase** Klasse 9C 4; Unterricht, Unterrichtsstunde 11A; **tiendas de todas** ∼**s** alle möglichen Geschäfte 14 D; ¿**qué** ∼ **de vino?** was für ein Wein? 21C 1
clásico,-a klassisch 1A
el **clavel** Nelke 13A
el **clima** Klima 5C 5
climatizado,-a mit Klimaanlage 23D; **piscinas -as** beheizte Schwimmbecken 23D
la **cocina** Küche 14D
el **coche** Wagen 5D
coger nehmen 6A (*in Südamerika ist „coger" zu vermeiden*)
la **cola** (Menschen-)Schlange (*beim Anstehen*) 12A
colectivo,-a kollektiv 16D
Colombia Kolumbien 2C 6
la **colonia** Kolonie 18E 2
la **colonización** Kolonisierung 18D
colonizado,-a *(colonizar)* kolonisiert 18E 2
el **colonizador** Kolonisator 18E 2
colonizar kolonisieren 18E 2
el **color** Farbe 13C 1; ¿**De qué** ∼ **es...?** Welche Farbe hat...? 13C 1
combinado,-a kombiniert, zugleich 9C 6
el **comedor** Eßzimmer 14D
comenzar*(-ie-)* anfangen 19D
comer essen 14C 7
comercial Geschäfts-...; **el horario** ∼ Geschäftszeit 21D
el **comercio** Geschäft, Handel 21D
los **comestibles** Lebensmittel 14D
la **comida** Essen 21D
el **comienzo** Anfang 19D
¿**cómo?** wie? 2A; ¡**cómo!** wieso! 3D
como wie 8D; da, weil (*am Anfang eines Satzes*) 19A
la **cómoda** Kommode 14D
el **compañero** Schulkamerad, Arbeitskollege 11D
la **compañía** Gesellschaft 23E 2
comparar vergleichen 18D
el **complejo** Komplex, Gesamtheit 23D
completamente völlig, vollkommen 17A
completar ergänzen 1C 5; **complete(n)**

usted(es) ergänzen Sie 1C 5
completo,-a vollständig 25D
el comportamiento Verhaltensweise 16D
la compra Einkauf, Kauf 24D
comprar kaufen 13A; abkaufen 14D
comprender begreifen, verstehen 7A
con mit 1A
concreto,-a konkret 14A
la confección Konfektion (*Kleidung*) 11E 2
la conferencia Ferngespräch 8C 6: ∼ interurbana (Inlands-)Ferngespräch 8C 6
el conflicto Konflikt 1A
congelado,-a (tief)gefroren 11E 2
conjugar konjugieren 21B 2
la conjunción Bindewort, Konjunktion 7B 4
conmigo mit mir 15A
conocer(-*zc*-) kennen 7A; kennenlernen 22D
el consejero Berater 7D
el conserje Portier 4A
la conserjería Portiersloge 4A
la consonante Mitlaut, Konsonant 1B 4
la Constitución Verfassung 20D
construir bauen 23D
consultar nachschlagen 9D
contaminar verschmutzen (*von Luft, Gewässern*) 23D
contar(-*ue*-) erzählen 14A; ∼ con rechnen mit 15A
contemplar betrachten 22D
contento,-a zufrieden 14D
contestar antworten 4D; conteste(n) ustede(es) antworten Sie 1C 3
contigo mit dir 15A
continuar fortsetzen 14D; 17B 4; ∼+gerundio weiter etwas tun 24B 2; continúo preguntando ich frage weiter 17A
continuo,-a ununterbrochen, fortdauernd 16A
contra gegen 20D; en ∼ de gegen 23E 2
contradecir (*decir*) widersprechen 16E 1
lo contrario Gegenteil 10C 4
convencional: signo ∼ Zeichen, Symbol 9C 6
la conversación Gespräch 1C 7
conversar miteinander sprechen 10D
el coñac Kognac 2A
la copa (Stiel-)Glas 2A
coquetea sie/er kokettiert, liebäugelt 1A
coquetear kokettieren, liebäugeln 1A
el corazón Herz 17D
la corbata Krawatte 17D
la corona Krone (*schwedische Währung)* 23A
el (la) corrector(a) Korrektor(in) 1C 1
corregir korrigieren, verbessern 1C 7; corrija(n) usted(es) korrigieren Sie 1C 7
el correo Post 7D; por ∼ urgente mit Eilboten 7D; por ∼ aéreo mit Luftpost 7D
correr laufen 13D
la corrida (de toros) Stierkampf 10D
el cortijo andalusischer Bauernhof S. 137

corto,-a kurz 23A;
a -a distancia de nicht weit entfernt von 23A
la cortesía Höflichkeit 11A
la cosa Sache 6A; ¡Qué ∼s! Was für Sachen!, So etwas! 7A
la cosecha Ernte 23A
coser nähen 24A
la costa Küste 5D; la Costa del sol Sonnenküste (*in Südspanien*) 5D
costar(-*ue*-) kosten 2D; ¿Cuánto cuesta? Wieviel kostet (es)? 2D
la coyuntura Konjunktur 23D
el crecimiento Wachstum 18D
el crédito Kredit 1A
creer glauben 9A
criminal kriminell 1A
el cristal Glas 7A
cruzar kreuzen 13D
el cuaderno Heft 11A
cuadrado,-a quadratisch 14E 2; metros ∼s Quadratmeter 14E 2
el cuadro Gemälde 10D
¿cuál? (*Pl. ¿cuáles?*) welche(r,-s)? (welche?) 17 A
el cual, la cual welche(r,-s); der, die, das 21D
cualquier (*vor Subst. Sg. anstelle von „cualquiera"*) 8A; de ∼ sitio von irgendwo 8A; a ∼ hora zu jeder beliebigen Stunde 21D
cualquiera jede(r,-s) (beliebige) 8A; irgendjemand 21D
¿cuándo? wann? 12A
cuando wenn (*zeitlich*), immer wenn 11D
¿cuánto,-a? wieviel? 2A; unos cuantos (= *unos pocos*) einige wenige 19D; cuanto(-a) más..., más...je mehr..., desto mehr... 21F
cuarenta vierzig 3E 3
el cuarteto Quartett 1A
el cuarto Zimmer 14D; ∼ de baño Badezimmer 14D
un cuarto Viertel (¼) 9A; las once y cuarto Viertel nach elf 9A
cuarto,-a vierte(r,-s) 18A
cuatro vier 3D
cubano(-a) kubanisch, Kubaner(in) 8A
la cuchara Löffel 21F
el cuchillo Messer 21F
la cuenta Rechnung 2A
cuente(n) usted(es) (*contar*) erzählen Sie 14C 8
el cuento Märchen, Erzählung 24A
cuesta (*costar*) es kostet 2D
el cumpleaños Geburtstag 19A
los cumplimientos Komplimente, Höflichkeiten 25A
cumplir (años) (Jahre) vollenden 25A
el cura Priester 25D

CH

el champiñón Champignon 21 F
la chaqueta Jacke 13A
el (la) chico(-a) Junge (Mädchen) 3A
chileno(-a) chilenisch, Chilene (Chilenin) 8C 1

chino(-a) chinesisch, Chinese (Chinesin) 18A; *als Spitzname in* 20A
cholo(-a) Mischling aus Indianerin und Europäer, *als Spitzname in* 20A
el **chorizo** *eine Sorte spanischer Wurst* 14C 3

D

dado *(dar)* : ha ~ er/sie hat gegeben 17D
dar *(doy, das* ...) geben 11D, 12B 2; ~**se prisa** sich beeilen 12A; ~**se cuenta de algo** etwas bemerken, sich über etwas klar werden 13D; ~ **un paseo/una vuelta** einen Spaziergang/eine Runde machen 14A: **el sol da en la terraza** auf die Terrasse scheint die Sonne 14D; **les da lo mismo** Ihnen ist es gleich 23A
dativo Dativ *(3. Fall)* 11B 4
de von 1A; aus 5A; **un pieza** ~ **música clásica** ein Stück klassischer Musik 1A; **el índice** ~ **inflación** Inflations-rate, -index 1A; **el Banco** ~ **Crédito de Zaragoza** die Kreditbank von Zaragoza 1A; **un inspector** ~ **policía de la ciudad** ein Polizeiinspektor der Stadt 1A; **baja del** (= *de + el*) **coche** sie/er steigt aus dem Auto 5A; ~ **nueve a doce** von neun bis zwölf Uhr 21D; *s.* **encima** ~, **debajo** ~, **delante** ~, **detrás** ~, **antes** ~, **después** ~ ...
dé *(Pl.* **den**) *(dar)* geben Sie 12A
debajo de unter 7A
deber schulden 9A; sollen 15A; ~ **de** + *Inf.*: **debe de ser muy difícil** es dürfte sehr schwierig sein 15A
débil schwach *(Adj.)* 18D
débilmente schwach (*Adv*.) 18D
décimo,-a zehnte(r,-s) 18A
decir (*digo, dices, dice, decimos, decís, dicen*) sagen 7A
dejar lassen 7A; ~ **de** + *Inf.* aufhören; ~ **de hablar** aufhören zu reden 17A
del (= *de + el*) *s.* **de**; **el director** ~ **Banco** der Direktor der Bank 1A
delante vorne 17E 2
delante de vor *(räumlich)* 6A
deletrear buchstabieren 8C 6
el **deletreo** Buchstabieren 8C 6
delgado,-a schlank 17E 2
delicioso,-a sehr angenehm, köstlich 25A
los **demás** die anderen/übrigen 18D
demasiado zuviel 9A
déme (denme) usted(es) *(dar)* geben Sie mir 12A
demostrativo: pronombre ~ Demonstrativpronomen 13B 1
Denia *Stadt an der Mittelmeerküste Spaniens* 9D
la **densidad** Dichte 18D
dentro (de) drin, in *(räumlich)* 9D; innerhalb von *(zeitlich)* 15A; ~ **de hora y media** innerhalb von 1½ Stunden 15A
dependiente abhängig 23D
derecho,-a rechte(r,-s) 17A; **a la -a** rechts 17A
desanimado,-a *(desanimar)* entmutigt 10A

desarrollado,-a *(desarrollar)* entwickelt 18E 2
el **desarrollo** Entwicklung 18E 2
desayunar frühstücken 14A
el **desayuno** Frühstück 9C 6
descansando beim Ausruhen, indem man sich ausruht 23C 2
descansar sich ausruhen 14A
descender(*-ie-*) tiefer gehen 13D
describir beschreiben 17E 2; **describa(n) usted(es)** beschreiben Sie 17E 2
la **descripción** Beschreibung 14D
descuidar vernachlässigen 23D
desde: ~ **la oficina** vom Büro aus 7A; ¿ ~ **cuándo?** seit wann?; ~ **las nueve hasta la una** von neun bis ein Uhr 21D; ~ **que sale el sol** von Sonnenaufgang 14D; ~ **hace cinco años** seit fünf Jahren 23C 1
desear wünschen, möchten 2A; ¿**Cómo desea(n) usted(es) el café?** Wie möchten Sie den Kaffee (haben)? 2A
el **desempleo** Arbeitslosigkeit 19D
desesperar verzweifeln 13D
despacio langsam 20 A
despegar: el avión despega das Flugzeug startet 12D
despeinado,-a *(despeinar)* ungekämmt 24E 1
despertador Wecker 22E 4
despertar (*-ie-*) erwachen 22D; ~**se** aufwachen 22E 2
después danach 10A
después de nach *(zeitlich)* 14A; ~ ~ **bajar** nachdem sie ausgestiegen sind 13E 1
destrozar zerstören 23D
destruir zerstören 23D
detrás hinten 17E 2; ~ **de** hinter 6A
determinar bestimmen 16D
la **deuda** Schuld 19D
el **día** Tag 9D; **buenos** ~**s** guten Tag (*bis Mittag*) 5A
dialectal dialektal 8D
el **diálogo** Dialog, (Zwie-)Gespräch 3C 1
la **diapositiva** Diapositiv 8E 1
diario,-a täglich 9D
dibujar zeichnen 24A
el **dibujo** Zeichnung 6C 1
el **diccionario** Wörterbuch 11A
dice (*decir*) er/sie sagt 6D
diciembre Dezember 9E 3
el **dictado** Diktat 1C 6
la **dictadura** Diktatur 20D
dicho (*Part. von* „decir"): **no he** ~ **eso** ich habe das nicht gesagt 15A
diecinueve neunzehn 8A
dieciocho achtzehn 9B 3
dieciséis sechzehn 9B 3
diecisiete siebzehn 9B 3
diez zehn 3E
la **diferencia** Unterschied 10B 4
diferente anders, unterschiedlich 16D
difícil schwierig 10A
diga (*decir*) *oder* **dígame** *Angerufener am Telephon:* ja (bitte), hallo *oder* nennt

seinen Namen; wörtlich: sagen Sie (mir) 7A
digo (*decir*) ich sage 7A
diligente fleißig 16A
el **dinero** Geld 6A
Dios Gott 7D
el **diptongo** Diphthong, Doppellaut 1B 4
la **dirección** Adresse 6D
directo,-a direkt, ohne Zwischenlandung 9D
el (la) **director(a)** Direktor(in) 1A; Regisseur 22C 1
dirigente Spitzenfunktionär 7 D
dirigirse a sich begeben zu 12A
disciplinado,-a diszipliniert 8D
el **disco** Schallplatte 4D
la **discoteca** Diskothek 1C 4
la **discusión** Diskussion 16D
discutir diskutieren, streiten 16A
disfrutar (de) genießen 23A
la **distancia** Entfernung 23A
distinguir (*distingo, distingues*...) unterscheiden 21F
distinto,-a anders, verschieden 14A
distraído,-a unterhaltsam 11D; zerstreut 17A
la **diversión** Vergnügen 16A
divertir(se) (*-ie-*) (sich) vergnügen/amüsieren/unterhalten 16A, 162 B
las **divisas** Devisen 23A
doce zwölf 9A
la **documentación** Dokumentation, Ausweispapiere 1A
el **dólar** Dollar 23A
doler (*-ue-*) schmerzen 17D; **le duele la cabeza** ihm/ihr tut der Kopf weh 17D
dominante herrschsüchtig 16D
el **domingo** Sonntag 9C 6
don Herr (*vor Vornamen*) 25A
donde wo 3D
¿**dónde**? wo? 3A; ¿**a** ∼? (*auch* „¿**adónde**?") wohin 6D; ¿**de** ∼? von wo 5C 1; woher 8A; ¿**por** ∼? welchen Weg 9C 3; wo durch 12C 5
doña Frau (*vor Vornamen*) 25D
dormir (*-ue-*) schlafen 14A
el **dormitorio** Schlafzimmer 14D
dos zwei 1A
doy (*dar*) ich gebe 12B 2
duodécimo,-a zwölfte(r,-s) 18A
durante während (*vor Subst.*) 19D
duro,-a hart 14C 3
el **duro** 5-Pesetenstück 21A

E

e und (*vor Wörtern, die mit „i" oder „hi" beginnen*) 16A
la **economía** Wirtschaft 23D
económico,-a wirtschaftlich 16D; **clase -a** Touristenklasse 9C 6
la **edad** Alter 20A; **a su** ∼ bei Ihrem Alter 20A; ¿**Qué** ∼ **tienen**? Wie alt sind sie? 25A
el **edificio** Gebäude 5A
el **ejemplo** Beispiel 8C 6; **por** ∼ zum Beispiel 8C 6
el **ejercicio** Übung 1C

el/la (*Pl.:* **los/las**) der/die (die) (*Artikel*) 1B 1, 2B 1
él/ella (*Pl.:* **ellos/ellas**) er/sie (sie) (*Personalpronomen*) 3B 2; **para él/ella** für ihn/sie 15B 2
eléctrico,-a elektrisch 11E 2
el **elefante** Elefant 24C 5
elegante elegant 7D
ella *s.* „él"
ellos, -as *s.* „él"
embarcar sich ins Flugzeug begeben 12A
emigrar auswandern 16E 1
empezar (*-ie-*) anfangen, beginnen 15D
el (la) **empleado(-a)** Angestellter (Angestellte) 9D
emplear anwenden 11D
en in, auf, mit, bei, zu; ∼ **el cine** im Kino 3A; ∼ **casa** zu Hause 3A; ∼ **casa de Petra** bei Petra 3E 1; ∼ **la terraza** auf der Terrasse 10D; ∼ **avión** mit dem Flugzeug 6D
encantar entzücken, begeistern 22A; **encantado(-a) de conocerla** erfreut, Sie kennenzulernen 25A
el **encendedor** Feuerzeug 13C 5
encender (*-ie-*) anzünden 15D, 15B 3
la **enciclopedia** Enzyklopädie 20D
encima de auf, über 7A
encontrar (*-ue-*) finden 6D; ∼**se** sich befinden 19D; ∼**se con alguien** sich mit jemandem treffen, jemanden treffen 22A
encuentra er/sie findet 6D
el **encuentro** Begegnung, Treffen 15D
enero Januar 9E 3
enfermo,-a krank 17A
enfrente (de) gegenüber (von) 5A
enfriarse kalt werden 17A
enorme enorm, sehr groß 13D
la **ensalada** Salat 2A
la **enseñanza** Unterricht, Schulwesen 20D
entender (*-ie-*) verstehen 3A
enterarse de algo etwas verstehen 19A; von etwas erfahren 19C 2; **enterarse de lo que pasa** (davon) erfahren, was geschieht 19C 2
entero,-a ganz 19D
entienden (*entender*): **se entienden** sie verstehen sich 3A
entiendo (*entender*): **No lo entiendo** Ich verstehe es nicht 5A
la **entonación** Tonfall 2C 4
entonces... also dann... 11D; dann (*in dem Fall*) 21A
entra er/sie tritt ein 1A
entrar eintreten 1A
entre zwischen 9C 6; unter 18A
entregar übergeben 10D
los **entremeses** Vorspeisen 21F
entretanto inzwischen, unterdessen 13D
la **entrevista** Interview, Besprechung 4A
entusiasmado,-a (*entusiasmar*) begeistert 14D
la **época** Zeit(raum), Epoche 19D
el **equipaje** Reisegepäck 13A
eres (*ser*) du bist 6A

es (*ser*) er/sie ist 1A; Sie sind (*Sg.*) 4A
esa (*s.* „ese") diese, diese dort
la escala Zwischenlandung 9C 6; ∼ técnica technisch bedingte Zwischenlandung 9C 6
escribiendo beim Schreiben 21A, 24B
escribir schreiben 7A
escrito,-a (*escribir*) geschrieben 22B 1
escuchar zuhören 19A
la escuela Schule 11E 1
ese, esa (*Pl.:* esos,-as) diese(r,-s) (diese) dort (*beim Angesprochenen*) 13A, 13B 1
esforzarse (-*ue*-) sich anstrengen 11D; ¡esfuérce(n)se usted(es)! bemühen Sie sich! 11D
el esfuerzo Anstrengung 11D
eso das, das dort (*neben dem Angesprochenen*) 6A, 13B 1; en ∼ tienes razón da/darin hast du recht 16D; ¿Qué respondes tú a ∼ ? Was antwortest du darauf? 16A; por ∼ deswegen 16E 1
esos,-as *s.* „ese"
España Spanien 3A
español(a) spanisch, Spanier(in) 3A
los espárragos Spargel 21F
especial speziell, besondere(r, -s) 20E
el espejo Spiegel 12D
la espera: sala de ∼ Warte-saal, -raum 13D
esperar warten 4D
espontáneo,-a spontan 16C 1
el esquema Schema 1B
la esquina Ecke (*von außen betrachtet*) 25D (*s.* „rincón")
esta *s.* „este"
está (*estar*) er/sie ist/befindet sich 3A; Sie sind/befinden sich (*Sg.*) 4D
la estación Bahnhof 9A
el estado Zustand 6B 1
el Estado Staat 8A
la estampa Bild, (Farben-)Druck 25A
el estante Regal 12C 3
estar (*estoy, estás* ...) sein, sich befinden; está en España er/sie ist in Spanien 3A; ¿Cómo está(n) usted(es)? Wie geht es Ihnen? 4D; ¡Qué nervioso/-a estás hoy! Wie nervös bist du heute! 6A; estoy cansado/-a ich bin müde 7A; están sentados/-as sie sitzen 10D; está muy joven er/sie sieht sehr jung aus 17A; el jamón está muy bueno der Schinken schmeckt sehr gut 22C 5
estar+gerundio gerade etwas tun 24B 1; está pintando er/sie malt gerade 24A
este, esta (*Pl.:* estos,-as) diese(r,-s) (diese) hier (*beim Sprechenden*) 5A, 13B 1; esta tarde heute nachmittag 7A
el este Osten 8D
esto das, das da (*neben dem Sprechenden*) 6A
el estómago Magen 21A
estos,-as *s.* „este"
estoy (*s.* „estar") ich bin 4A
estrecho,-a eng, schmal 5D
la estrella Stern 21F

la estructura Struktur 19D
estudiando (*estudiar*) beim Lernen 23C 2, 24 B
estudiar lernen, studieren 7A
estupendo,-a wunderbar 14A
exactamente genau 9A
la excepción Ausnahme 19D
el exceso de peso Übergewicht 12A
excluido,-a ausgeschlossen, außer 9C 6
existir existieren 16D
la explicación Erklärung 9D
exportado,-a (*exportar*) exportiert 18E 2
extenso,-a ausgedehnt, groß 19D
exterior äußerlich; el ∼ das Ausland 23D
extranjero(-a) ausländisch, Ausländer(in) 5D
extrañarse sich wundern 22A

F
la fábrica Fabrik 1A
fácil leicht, einfach 10A
la factura Rechnung 21F
la facturación (del equipaje) Gepäckaufgabe 12A; el mostrador de facturación Gepäckannahme-Schalter 12A
la fachada Fassade 25D
la falda Rock 13A
la falta Mangel, Fehlen 23A; nos hace ∼ wir brauchen (es) 23A; buena ∼ nos hace wir brauchen (es) sehr 23A
faltar fehlen 25D
la familia Familie 19D
familiar: el álbum ∼ Familienalbum 17A
famoso,-a berühmt 4D
la farmacia Apotheke 11E 2
la farola Straßenlaterne 25D
el favor Gefallen 11A; por ∼ bitte 2A; haga(n) el ∼ bitte 11A; a ∼ de zu Gunsten von 23E 2
febrero Februar 9E 3
la fecha Datum 21F
federal: república ∼ Bundesrepublik 18D
la felicidad Glückseligkeit 19A; ¡felicidades! meine Glückwünsche! 19A
feliz (*Pl.:* felices) glücklich 16A
feo,-a häßlich 14A
femenino,-a weiblich 1B 1
la feria jährliches Fest in einem Ort (u. Jahrmarkt) 10D
el ferrocarril Eisenbahn 9C 5
los fideos Nudeln 21F
la fiera Raubtier 19A
la fiesta Fest 24C 7
el filete Filet 2C 5
el fin Ende 13D; por ∼ endlich 13D
fino,-a fein 12D
la firma Unterschrift 10D
el flamenco Flamenco (*spanischer Gesang u. Tanz*) 19A
flemático,-a phlegmatisch 16E
la flor Blume 13A; Blüte 24D
la florista Blumenverkäuferin 13A
la floristería Blumengeschäft 13A
la fonda Gasthaus 21F
la fonética Phonetik, Lautlehre 2B 3
fonético,-a phonetisch 1A

la **forma** Form 7B 5
formar bilden 13E 3
formular formulieren 16E
la **foto(grafía)** Photo 4A
francés(-esa) französich, Franzose (Französin) 8 B 3
Francia Frankreich 8A
el **franco** Franc (*französische Währung*) 6A
la **frase** Satz 1C 5
con **frecuencia** häufig 17C 7
frecuentemente häufig 21D
fregar spülen, abwaschen 24D
fresco,-a frisch 11E 2
el **frío** Kälte 25A; **hace** ∼ es ist kalt 25A; **tengo** ∼ mir ist es kalt 25B
frío,-a kalt 4D; kühl 21F
frito,-a in der Pfanne gebraten 14C 3
la **fruta** Obst 2A; ∼ **del tiempo** Obst der Saison, frisches Obst 2A
fuera draußen 13D
fuerte kräftig 8D
la **fuerza** Kraft 22D
fundado,-a begründet 16D

G

las **gafas** Brille 17A; ∼ **de sol** Sonnenbrille 13C 2
galante galant 15A
Galicia Galicien (*Region in Nordspanien*) 8A
gallego(-a) galicisch, Galicier(in) 8D
la **galleta** Keks 14C 3
la **gamba** Krabbe 21A
la **gana** Lust 16A; **tener** ∼**s de** Lust haben zu 16A
ganar verdienen 20A; gewinnen 21C5; übertreffen 25C 6
el **garaje** Garage 12C 2
la **garganta** Hals 17D
gastar ausgeben 20A
el **general** General 7A
general allgemein, üblich 18D; **en** ∼ im allgemeinen 18D
generoso,-a großzügig 21A
la **gente** die Leute 4D
el **geranio** Geranie 25D
gigantesco,-a riesig 23D
girar sich drehen 23D
el (la) **gitano(-a)** Zigeuner(in) 25D
el **Gobierno** Regierung 18D
gordo,-a dick 17A
la **gorra** Mütze 17D
la **gorrita** Mützchen 17D
las **gotas** Tropfen 17D
las **gotitas** Tröpfchen 17D
gracias danke 2A; ∼ **a Dios** Gott sei Dank 7D
el **gráfico** Bild 18C 1
la **gramática** Grammatik 15C 9
gramatical grammat(ikal)isch 1B
gran groß (*vor Subst. Sg. anstelle von* „grande") 23A, 23B 1
grande groß 6A
gratuito,-a kosten-los, -frei 20D
gris grau 13A
la **grúa** Abschlepp-, Kran-wagen 11E 2

el **grupo** Gruppe 24D
guapo,-a hübsch, gut aussehend (*auf Personen bezogen*) 7D
la **Guardia Civil** spanische Landpolizei 25D
la **guía telefónica** Telephonbuch 9C 5
la **guitarra** Gitarre 25D
gustar gefallen 13A; schmecken 14C 3; ¿**Qué le gusta más?** Was schmeckt Ihnen besser? 14C 3
el **gusto: tanto** ∼ es ist mir ein Vergnügen (*beim Vorstellen*) 25A

H

ha (*3. Pers. Sg. von* „haber"): **no** ∼ **llegado** er/sie ist nicht angekommen 15D; ¿**Qué le** ∼ **pasado?** Was ist ihm/ihr passiert? 15D; ¿**Quién** ∼ **dicho**...? Wer hat gesagt...? 16D; **se** ∼ **resfriado** er/sie hat sich erkältet 17A; **el sol se** ∼ **puesto/**∼ **salido** die Sonne ist untergegangen / ist aufgegangen 19D
habéis *s.* „haber" 22A, 22B 1
haber haben, sein (*als Hilfsverb*) 22A, B
la **habitación** Zimmer 14D
los **habitantes** Einwohner 8D
el **habla** (*fem. s.* 19B 4) Mundart 18D
hacer (*hago, haces*...) machen, tun 3A; ∼ **una pregunta** eine Frage stellen 11D; **hace (mucho) tiempo que** ... **es ist** einige (lange) Zeit her...12A; **me hace mucha ilusión** ich freue mich sehr darauf 14D; ∼**se viejo,-a** alt werden 17A; ∼**se tarde** spät werden 20A; ∼ **falta** nötig sein 23A; **buena falta nos hace** wir haben es sehr nötig 23A; **hace calor/frío/sol/buen tiempo** es ist warm/kalt/sonnig/schönes Wetter 25 A, 25B 3
hacia hin... zu 13D
¡**Haga(n) usted(es) el favor de** ...! Wollen Sie bitte ...!; Bitte ...! 11A, D
hago (*s.* „hacer") ich mache 7B 2
el **hambre** (*fem.*) Hunger 14C 7, 19B 4; **mucha** ∼ großer Hunger 19B 4
han (*s.* „haber"): ∼ **hecho** sie haben gemacht 19D; ∼ **pagado** sie haben bezahlt 19D
harto,-a satt 14D; **estoy -a de vivir en**... ich habe es satt, in... zu wohnen 14D
has *s.* „haber" 22A, 22B 1
hasta bis 9D
hay es gibt 4D; **no** ∼ **de qué** Keine Ursache (*nach* „Danke") 4D; ∼ **que**... man muß... 12A
he (*s.* „haber"): ∼ **dicho** ich habe gesagt 16A
hecho (*Part. von* „hacer") gemacht 19D; **han** ∼ sie haben gemacht 19D
el **helado** Speiseeis 2A
hemos *s.* „haber" 22A, 22B 1
el (la) **hermano(-a)** Bruder (Schwester) 17A; **hermanos** Geschwister 17A
Hernández, Miguel *spanischer Dichter*
el (la) **hijo(-a)** Sohn (Tochter) 7A, 17A;

hijos Kinder (*Söhne u. Töchter*) 25A
¡**hola**! (*familiäre Begrüßung*) Grüß dich 7A
el **hombre** Mann 10D; Mensch 19A
la **hora** Uhr(zeit), Stunde; ¿ **Qué ∼ es?** Wie spät ist es? 9A; ¿ **Tiene usted ∼?** Haben Sie die (genaue) Uhrzeit? 9A; ¿ **A qué ∼ ...?** Um wieviel Uhr...? 9A; **a la ∼ de almorzar** um die Mittagessenszeit 21D; **hace ya ∼s que están en ...** schon seit einigen Stunden sind sie in ... 24D
el **horario** Stundenplan 9D; **∼ comercial** Geschäfts-, Öffnungs-zeit 21D
el **hostal** Gasthaus 21F
el **hotel** Hotel 1C 3
hoy heute 4A
el **huevo** Ei 14C 3; **∼ frito** Spiegelei 14C 3; **∼ frito con patatas** Spiegelei mit Kartoffeln 21F; **∼ duro** hartgekochtes Ei 14C 3
humano,-a menschlich 16D
húmedo,-a feucht S. 181

I

la **idea** Idee, Begriff 11D
el **idioma** Sprache 3D
la **iglesia** Kirche 25D
igual gleich; **∼ que ...** (genau) so wie ... 21F
igualmente ebenfalls 4D
la **ilusión** Illusion, Freude 14D; **me hace mucha ∼** ich freue mich sehr (dar)auf 14D
ilusorio,-a illusorisch 23D
la **ilustración** Illustration, Abbildung 7C 2
imaginarse sich vorstellen, sich vergegenwärtigen 14D
¡ **imbécil**! du Dummkopf! 10A
impaciente ungeduldig 11A
el **imperativo** Befehlsform 10B 2, 11A
impersonal unpersönlich 7B
la **importancia** Wichtigkeit 18A
importante wichtig 18A
el **importe** Betrag 21F
la **impresión** Eindruck 14A
el **impulso** Impuls, Antrieb 23D
incluso einschließlich, sogar 9C 6
increíble unglaublich 20D
indicar (an)zeigen, angeben 9D
el **indicativo: presente de ∼** Indikativ Präsens 15B 1
el **índice de ......** -index, ... -rate; **∼ ∼ inflación** Inflationsindex 1A; **∼ ∼ crecimiento** Zuwachsrate, Wachstumsrate 18D
indisciplinado,-a undiszipliniert 16D
el **indostánico** das Hindi (*Hauptsprache Indiens*) 18A
industrial industriell 8D
la **infancia** Kindheit 22D
infantil Kinder- ... 20D; **mortalidad ∼** Kindersterblichkeit 20D
el **infinitivo** Infinitiv (*Grundform der Verben*) 21B 1
la **inflación** Inflation 1A
la **información** Auskunft 5A

informar(se) (sich) informieren 20E
la **infraestructura** Infrastruktur 23D
el **ingeniero** Ingenieur 7D
Inglaterra England 8A
inglés(-esa) englisch, Engländer(in) 8 B 3
inhumano,-a unmenschlich 16D
inmediatamente sofort 12A
el **insecto** Insekt 1A
el (la) **inspector(a)** Inspektor(in) 1A
la **instalación: instalaciones eléctricas** elektrische Einrichtungen 11E 2;
el **instituto** Institut, Oberschule 11E 2; **∼ de belleza** Kosmetiksalon 11E 2
inteligente intelligent 7D
intentar versuchen, probieren 15A
el **intento** Versuch 16E
el **interior** Inneres 24D; **en el ∼ de las casas** (innen) in den Wohnungen 24D
internacional international 9A
interpretar spielen 1A; deuten 9E 1
interrumpir unterbrechen 11D
interurbano,-a zwischenstädtisch 8C 6
inventar erfinden 23A
la **inversión** Investition 23D
invertir (*-ie-*) investieren 23D
el **invierno** Winter 19D
invitar einladen 21A
inútil unnötig, unnütz 23D
ir (*voy, vas ...*) gehen, fahren 9A; **∼ se:** ¿**ya se va?** gehen Sie schon weg? 16D; **∼ a + *Inf*.**: ¿ **Qué van a tomar?** Was werden Sie nehmen? 21A
irregular unregelmäßig 4B 2
la **irregularidad** Unregelmäßigkeit 17B 4
Italia Italien 8A
italiano(-a) italienisch, Italiener(in) 8B 3
izquierdo,-a linke(r,-s) 17D; **a la -a** links 17E 2

J

Jaén *Provinz in Südspanien u. ihre Hauptstadt* 19A
el **jamón** Schinken 14C 3
japonés(-esa) japanisch, Japaner(in) 18A
el **jarabe** Sirup 17D
el **jardín** Garten 15D
Jerez *Stadt in Südspanien, berühmt wegen ihrer Weine* 2C 6
el **jersey** Pullover 13A
joven jung 7D
San Juan *Stadt in Argentinien* 7D
el **juego** Spiel 24D
el **jueves** Donnerstag 9C 6
jugar (*-ue-*) spielen 24D
el **juicio** Urteil, Ansicht 16D
julio Juli 9E 3
junio Juni 9C 6
junto,-a zusammen 14A; **todo ∼** alles zusammen 2A; **∼ a** neben 10A

K

kilo Kilo 12A
kilómetro Kilometer 5D; **∼ cuadrado** Quadratkilometer 18D

191

L

la/el die/der (*Artikel*) 1B 1
la/lo sie, Sie / ihn, Sie (*Personalpronomen Akk. Sg.*) 11B 4, 22B 2;
  el portero la saluda der Pförtner grüßt sie (*Frau Prim*) 5A; ¿ **Puedo acompañarla**? Darf ich Sie begleiten (*Petra*) 15D; **No lo espero** Ich warte nicht auf ihn (*den Verwalter*) 5A
el **labio** Lippe 12D
labrar bestellen (*das Land*) 24D
el **lado** Seite 13A; **a su** ~ an seiner/ihrer/Ihrer Seite 13A
el **lápiz** (*Pl.*: **lápices**) Bleistift 7A
largo,-a lang 5D
el **latifundista** Großgrundbesitzer 19D
latino,-a: **la América Latina** Lateinamerika 8A
Latinoamérica Lateinamerika 8C 3
latinoamericano(-a) lateinamerikanisch, Lateinamerikaner(in) 18D
el **lavabo** Toilette, Waschraum 12D
la **lavandería** Wäscherei 11E
lavar(se) (sich) waschen 12D
le ihm/ihr/Ihnen (*Sg., Dat.*) (*Bei Personen steht häufig „le" anstelle von „lo"*) 22B 2
la **lección** Lektion 7C 3
la **lectura** Lektüre 6C 3
la **leche** Milch 2A
leer lesen 3A
lejos weit 5D
la **lengua** (= *el idioma*) Sprache 8A
el **lenguado** Seezunge 21F
lentamente (*lento,-a*) langsam 13D
Lérida *Provinz u. ihre Hauptstadt in Nordspanien* 2C 6
la **letra** Buchstabe 3B 3; Text (*eines Liedes*) 19A
levantarse aufstehen 14A; sich erheben 20D
leyendo *Gerundium von „leer"* 24B 1; **está** ~ sie/er liest gerade 24A
la **libertad** Freiheit 20D
la **libra** Pfund (*englische Währung*) 23A
libre frei 5A
la **librería** Buchhandlung 11E 2
el **libro** Buch 6A;
  ~ **de texto** Lehrbuch 20D
lila lila (*Farbe*) 17D
el **limón** Zitrone 2A
la **limonada** Limonade 17C 6
limpiar putzen, saubermachen 24D
limpio,-a sauber 24D
lindo,-a schön, hübsch 12D
el **litro** 21C 5
lo das (*Art. neutrum für die Substantivierung von Adjektiven*); ~ **contrario** das Gegenteil 10C 4; ~ **mismo** dasselbe 16A
lo ihn, es, Sie (*mask., Personalpronomen Akk.*) 16B 3, 22B 2; ~ **espera** sie wartet auf ihn (*auf Antonio*) 4D; **no** ~ **encuentra** sie findet ihn (*den Reisepaß*) nícht 6D; **no** ~ **entiendo** ich verstehe es nicht (*daß die Miete so hoch ist*) 5A; **Andrés no** ~ (*fem.*: **la**) **ha invitado** Andrés hat Sie nicht eingeladen 22B 2
lo que was 13B 2, 16B 3; **eso es** ~ ~ **yo digo** genau das sage ich 16A
local örtlich, Orts-. . . . 9C 6
el **local** Lokal, geschlossener Raum 21D
el (la) **locutor(a)** Sprecher(in) (*beim Radio, Fernsehen*) 1C 1
el **lomo** Lende 21F
la **lotería** Lotterie 21C 4
luego danach, später 7A; **hasta** ~ bis bald 15A
el **lugar** Stelle, Platz, Ort 18A
el **lujo** Luxus 7D
lujoso,-a luxuriös 14E 2
el **lunes** Montag 9C 6
la **luz** Licht 24D

LL

llamar anrufen 7A; ~**se** heißen, sich nennen 23D;
  el (la) **llamado(-a)** . . . der (die) sogenannte . . . 20D
la **llave** Schlüssel 13C 5
la **llegada** Ankunft 9C 6
llegar ankommen 9A
lleno,-a voll 10D
llevar 20B 2; hinbringen 12A; anhaben 13C 1; tragen 20B 2; **llevas mucha prisa** du bist sehr in Eile (*wenn man geht*) 20A; **ya llevamos aquí 15 años** wir sind schon seit 15 Jahren hier 25A
llevarse mitnehmen 20B 2; **puedo llevarme las llaves** darf ich die Schlüssel mitnehmen 20C 4
llover (-*ue*-) regnen 23C 6
llueve es regnet 23C 6
la **lluvia** Regen 23A

M

los **macarrones** Makkaroni 21F
la **madre** Mutter 17A; ¡ **Madre mía**! Du lieber Gott ! 17A
la **madrugada** früher Morgen 19D; **de** ~ am frühen Morgen, bei Tagesanbruch 19D
el (la) **maestro(-a)** Lehrer(in) 25D
el **magnetófono** Tonbandgerät 21C 4
el **maíz** Mais 20C 1
Málaga *Provinz in Südspanien u. ihre Hauptstadt* 5D
la **maleta** Koffer 6A
mal schlecht (*Adv.*); **no se come** ~ man ißt nicht schlecht 21F
mal (*Adj.; anstelle von „malo" vor Subst. mask. Sg.*) 23B 1; ~ **tiempo** schlechtes Wetter 23A
malo,-a schlechte(r,-s) 23A
malva malvenfarben 25D
mamá Mama 25 A
mandar schicken 7D; verordnen 17D
la **manera** Art, Weise 16D; ~ **de ser** Wesen, Art zu sein 16D
la **mano** Hand 12D
la **mantequilla** Butter 14C 3
la **manzana** Apfel 17D
mañana (*Adv.*) morgen 4A

la **mañana** (*Subst.*) Morgen 24D; **por la** ∼ morgens 5A; **de la** ∼ des Vormittags 9C 1
la **máquina** Maschine, Apparat 23A
el **mar** Meer 5A
marca el número ... er wählt die Nummer ... 7A
el **marco** Mark (*deutsche Währung*) 3D
macharse weggehen 15D
el **marido** Ehemann 6D
los **mariscos** Muscheln und Schalentiere 21F
el **martes** Dienstag 9C 6
marrón braun 13A
marzo März 9E 3
más mehr 18A, 18B 1; ∼ **distraído**(-a) unterhaltsamer 11D; ∼ **importante** wichtiger 23D; **el (la)** ∼ **importante** der (die) wichtigste 18A, D; **cuanto** ∼ ..., ∼ ... je mehr ..., desto mehr ... 21F; ∼ **o menos** ungefähr 15A
masacrar massakrieren 20D
la **máscara** Maske 1A
masculino,-a männlich 1B
mayo Mai 9E 3
mayor größer 25B 2: **el (la)** ∼ der (die) größte 20D; der (die) älteste 25A
me mich, mir 7A
el **médico** Arzt 11E 2
medio,-a halb 9A; **las once y -a** elf Uhr dreißig 9A; **-a ración** eine halbe Portion 21 A
a mediodía mittags 21D
Méjico *oder* **México** Mexiko 18D
mejicano(-a) mexikanisch, Mexikaner(in) 8A
mejor besser 14A; **lo** ∼ das beste 25A
el **melocotón** Pfirsich 2A
menor kleiner; **el (la)** ∼ der (die) kleinste / geringste 22D; der (die) jüngste 25A
menos weniger 11D, 18A, 18B 1; **las doce** ∼ **cinco** fünf vor zwölf Uhr 9A; **por lo** ∼ wenigstens, mindestens 18D
meridional südlich 8D; Südländer(in) 16D
la **merienda** Vesperbrot 25D
la **merluza** Seehecht 21F
la **mermelada** Marmelade 14C 3
el **mes** Monat 5A; **al** ∼ im/pro Monat 5A
la **mesa** Tisch 7A
la **mesita** Tischchen 14D
el **metro** U-Bahn 11E
mí (*nach Präposition anstelle von* „me") mich, mir 15A, 15B 2
mi (*vor Subst. anstelle von* „mío,-a") mein(e) 6A, 17B 2
la **miel** Honig 14 C 3
mientras (que) während 13D; wohingegen 16A
el **miércoles** Mittwoch 9C 4
mil tausend 3D; ∼ **quinientos** eintausendfünfhundert 6A; **cuatro** ∼ viertausend 3D; ∼**es de millones** Tausende von Millionen 23D
militar militärisch, Militär- ... 20D

el **millón** Million 8D
la **mina** Bergwerk, Mine 20A
minera: riqueza ∼ Reichtum an Bodenschätzen 18D
mineral: agua ∼ Mineralwasser 2C 2
el **minuto** Minute 14D
mío,-a meine(r,-s) 11A, 17B 2
mirar schauen 6A
la **miseria** Elend 18D
mismo,-a selbst, gleich 16A; **eso es lo** ∼ das ist dasselbe 16A; **les da lo** ∼ Ihnen ist es gleich 23A
misterioso,-a geheimnisvoll 10D
moderno,-a modern 4D
molestar stören 10A
el **momento** Augenblick 2A
la **moneda** Währung, Geldstück 3D
el **monedero** Geldbeutel 13C 5
monótono,-a monoton, eintönig 11D
moreno,-a dunkelhaarig 10D
la **mortalidad** Sterblichkeit 20D
el **mosquito** Moskito, Stechmücke 1A
el **mostrador** Theke 12A
el (la) **muchacho**(-a) Junge, Bursche (Mädchen) 20A
muchísimo,-a sehr viel 23D
mucho,-a viel 2A; 25B 3
mudo,-a stumm 25D
el **mueble** Möbel 14A
la **mujer** Frau, Ehefrau 9A
el **mundo** Welt 18A
el **museo** Museum 1C 3
la **música** Musik 1A
muy (*vor Adj. u. Adv.*) sehr 2A, 25B 3

N

la **nación** Nation 8A
nacional national 8C 5
la **nacionalidad** Nationalität 8B 3
nada nichts 5A; **de** ∼ (*Antwort auf* „Gracias") keine Ursache 5A; **no** ... ∼ nichts 11B 3
nadie niemand 11A;
no ... nadie niemand 11B 3
la **narración** Erzählung 15C 8
el (la) **narrador(a)** Erzähler(in) 5C 6
narrativo,-a erzählend, Erzähl- ... 15C 8
la **naturaleza** Natur 16D
naturalmente natürlich 3A
necesario,-a notwendig 15D
necesitar brauchen, benötigen 14D
negro,-a schwarz 12D
nervioso,-a nervös 6A
neutro,-a sachlich, Neutrum 13B 1
la **nevera** Kühlschrank 21F
ni: no ... ∼ weder ... noch 8A; ∼ ... ∼ weder ... noch 8A; **no lo vendemos** ∼ **por** ... wir verkaufen es nicht einmal für ... 14D
ningún (*vor Subst. mask. Sg. anstelle von* „ninguno") 14B 4
ninguno(-a) kein(e), kein einziger (keine einzige) 23A, 23B 1; **no ... ningún, ninguna** kein einziger, keine einzige 23C 5
el (la) **niño**(-a) Bub (Mädchen), Kind 17 A

193

no nein, nicht 1A; **no ... ni** weder ... noch 8A
nocturno,-a Nacht-. ... 9C 6
la **noche** Nacht (*ab Eintritt der Dunkelheit*) 5A; **buenas ~s** gute Nacht/guten Abend 5B 1; **por la ~** nachts/abends 5A; **de la ~** des Nachts 9C 1
el **nombre** Name 1B 1
el **noreste** Nordost 8D
normal normal, gewöhnlich 7E
el **noroeste** Nordwest 8D
el **norte** Norden 8D
nos uns 12A, 15B 2
nosotros wir 8B1; uns (*nach Präposition*) 15B 2
novecientos,-as neunhundert 6E 3
la **novela** Roman 15A; **~ rosa** Liebesroman 15A
noveno,-a neunte(r,-s) 18A
noventa neunzig 9B 3
noviembre November 9E 3
nuestro,-a unser(e, -er, -es) 16A, 17B 2
nueve neun 6E 3
nuevo,-a neu 14A
el **número** Nummer 3E 3
nunca nie 11D; **no ... ~** nie 11D, 11B 3

O

o oder 2A
la **obertura** Ouvertüre 1A
el **objeto** Gegenstand 6C 1; Objekt (*in Grammatik*) 16B 4
obligatorio,-a: enseñanza -a Schulpflicht 20D
el **obrero** Arbeiter 23E 2
observar beachten 5B 1; **observe (usted)** beachten Sie 5B 1
octavo,-a achte(r,-s) 14D
octubre Oktober 9C 6
ocupar einnehmen 18A; beschäftigen 24D
ochenta achtzig 9B 3
ocho acht 6E 3
el **oeste** Westen 8D
oficial offiziell, amtlich 8A
la **oficina** Büro 7A
el **oído** Gehör 7D
oiga(n) (*oír*) hören Sie 11B 2, 19B 2
oigo (*oír*) ich höre 7A
oír (*oigo, oyes ...*) hören 7A, 19B 2
el **ojo** Auge 7A
la **oliva** Olive 19D
el **olivar** Olivenhain 19D
el **olivo** Olivenbaum 19D
el **olor** Geruch 24D
el **ombligo** Nabel S. 178
once elf 9A, 9B3
la **opresión** Unterdrückung 20D
el **orden** Ordnung 7B 3
la **orden** Befehl 11C 2
organizado,-a (*organizar*) organisiert 16A
la **orquesta** Orchester 1A
ortográfico,-a orthographisch 11B 1
os euch 14A, 15B 2
oscuro,-a dunkel 25D
el **otoño** Herbst 25A

otro,-a noch ein(e) 2A; ein anderer(-s), eine andere 10C 5
otros,-as andere 8D
oye(n,-s) (*s. „oír"*) 19B 2

P

la **paciencia** Geduld 11A
pacífico,-a friedlich 16D
padecer (*-zc-*) leiden 18D
el **padre** Vater 7D; los **~s** Eltern 24D
la **paella** Reisgericht 21F
pagar zahlen 19D
la **página** Seite (*eines Buches*) 9D
el **país** Land 8A
el **paisaje** Landschaft 23D
la **paja** Stroh 25D
el **pájaro** Vogel 13D
la **palabra** Wort 1B 4
la **palmera** Palme 5D
el **pan** Brot 2A
la **panadería** Bäckerei 14D
el **(la) panadero(-a)** Bäcker(in) 14E 4
los **pantalones** (*auch* el **pantalón**) Hose 13A
el **pañuelo** Taschentuch 24A
papá Papa 7D
el **papagayo** Papagei 13A
el **papel** Papier 7A
el **paquete** Paket 6A
para für 5A; **~ +** *Inf.* um ... zu 11D; **~ no interrumpir** um nicht zu unterbrechen 11D; **¿~ qué?** wofür 11C 7
la **parada** Haltestelle 14D
el **parador** staatliches Touristenhotel 21F
paraguayo(-a) paraguayisch, Paraguayer(in) 8A
parecer(-*zc-*): **¿Os parece bien?** Haltet ihr das für gut? 14A; **parece que...** Es scheint, daß...18C 4; **parecido,-a a** ähnlich 18D
la **pared** Wand 10D
el **parque** Park 3D
„**La Parra**" Weinranke (*hier Eigenname*) 10D
la **parte** Teil, Anteil; **en todas ~s** überall 3A; **toma ~ en ...** er nimmt teil an. ..16D; **la mayor ~** die meisten, der größte Teil 20D
particular privat 11E 2
el **participio** Partizip 21B 2
el **pasado** Vergangenheit 22D
pasar vergehen 12D; geschehen 12E 1; verbringen 23A; **~ por** durchgehen 13A; vorbeigehen 15D
el **pasaje** Flugschein 12A
el **(la) pasajero(-a)** Fahr-, Flug-gast 13D
el **pasaporte** Reisepaß 6A
el **paseo** Spaziergang 14A; **dar un ~** einen Spaziergang machen 14A
el **pasillo** Flur, Gang 14D
pasivo,-a passiv 18B 3
el **paso** Schritt 14D
la **patata** Kartoffel 20C 1; **~s fritas** Pommes frites 21F
el **patio** (Innen-)Hof S. 107
pedir(-*i-*) (**algo a alguien**) (jemanden

um etwas) bitten 12C 1; bestellen 4D, 21B 3
peinar kämmen 24D
pelearse sich (herum)schlagen, streiten 24D
la **película** Film 22A
el **pelo** Haar, Haare 12 D
la **peluquería** Friseursalon 14D
pensar (*-ie-*) denken 11D
pensativo,-a nachdenklich 17A
la **pensión** Pension, Gasthaus 21F
peor schlechter 20D, 25B 2
pequeñito,-a ganz klein 9D
pequeño,-a klein 4A
perder (*-ie-*) verlieren 22E 2; ~ **el tren** den Zug verpassen 22E 2
(el) **perdón** Verzeihung 4A
perdonar verzeihen 12A
perezoso,-a faul 16D
la **perfumería** Parfümerie 11E 2
el **periódico** Zeitung 7C 1
el (la) **periodista** Journalist(in) 4A
permanente Dauer- . . ., dauernd 11E 2 servicio ~ Tag- und Nachtdienst 11E 2
permitir erlauben 15D
pero aber 5D
el (la) **perro(-a)** Hund (Hündin) 24 A
la **persona** Person 6D
el **personaje** Person (*eines lit. Werkes*) 5C 6
personal: pronombre ~ Personalpronomen 15B 2
pertenecer(*-zc-*) gehören 19D
la **pesadilla** Alptraum 12D
pesado,-a schwer 20B 2
pesar wiegen, schwer sein 12C 5; a ~ de que . . . obwohl 18D
la **pescadería** Fischgeschäft 11E 2
el **pescado** Fisch 2A
la **peseta** Pesete 2A
el **peso** Gewicht 12A
pide (*pedir*) er/sie bestellt 4D; er/sie bittet um 9D
el **pie** Fuß 20A; a ~ zu Fuß 20 A
la **piedra** Stein 20A
la **piel** Haut 25D
piense(n) usted(es) (*pensar*) denken Sie 11D
la **pieza** Stück 1A
el **Pino** Pinie(nbaum) (*hier Eigenname*) 25A
pintar(se) (sich) schminken 12D; malen 24A
la **piscina** Schwimmbad 23A
el **piso** Stockwerk 5A; Wohnung 14A
la **pistola** Pistole 1C 4
el **plan** Plan 14A
el **plástico** Plastik 6A
la **plata** (*in Südamerika*) Geld 20A
el **plátano** Banane 2A
el **plato** Gericht (*Speise*) 21D; Teller 24D
la **playa** Strand 5A
la **plaza** Platz 5D; Marktplatz 24D
la **pluma** Füllfederhalter 7A
el **plural** Plural 1B 2
la **población** Bevölkerung 18D
poblado,-a bevölkert 18D
pobre arm 16E 1
poco,-a wenig 4D; **un** ~ ein bißchen 7A
poder (*-ue-*) können 7A; dürfen 16A
el **poder** Macht 20D
la **poesía** Gedicht 19A
el **poeta** Dichter 19C 3
la **policía** Polizei 1A
policíaco,-a Polizei- . . .; una **novela policíaca** Krimi(nalroman) 15A
político,-a politisch 16D
el **pollo** Huhn, Hühnchen 21F
poner (*pongo, pones* . . .) setzen, stellen, legen 12A, 12B 2; ~ **un disco** eine Schallplatte auflegen 16A; ~ **la radio/el tocadiscos** Radio/Plattenspieler einschalten 10A, 16D; ~ **la mesa** den Tisch decken 21C 6; ~**se nervioso**(**-a**) nervös werden 15D; ~**se a** + *Inf.* anfangen zu + *Inf.* 15D; **el sol se pone/se ha puesto** die Sonne geht unter/ist untergegangen 14A, 19D
ponga(n) (*s.* „poner") setzen/stellen/legen Sie 12B 2
pongo *s.* „poner"
por durch, wegen, von, für, nach, zu, vorbei, auf . . .; ~ **la calle** auf die Straße (*bei Bewegungsverben*) 3A; ~ **favor** bitte 4A; **pregunta** ~ **usted** er fragt nach Ihnen 4A; **habla** ~ **teléfono** er spricht per Telephon 4C 3; **llama** ~ **teléfono** er ruft an 4C 3; **gracias** ~ **la entrevista** danke für das Gespräch 4D; ~ **la mañana/tarde/noche** morgens/nachmittags/nachts (abends) 5A; ~ **correo aéreo** mit Luftpost 7D; ~ **ejemplo** zum Beispiel 8C 6; ¿~ **qué?** warum? 10A; **pasar** ~ **la aduana** durch den Zoll gehen 13A; ~ **fin** endlich 13D; **os lo compro** ~ . . . ich kaufe es euch für . . . ab 14D; **pasa** ~ **allí** er geht dort vorbei 15D; ~ **carácter** vom Charakter her 16D; ~ **eso** deswegen 16E; **es hablado** ~ . . . wird gesprochen von 18A, 18B 3; ~ **el número de habitantes** nach der Einwohnerzahl 18A; ~ **ciento** Prozent 18D; ~ **lo menos** mindestens, wenigstens 18D; ~ **kilómetro cuadrado** pro Quadratkilometer 18D; ~ **ahora** vorläufig 21A; **siente** ~ **él** . . . sie empfindet für ihn . . . 22D; ~ **supuesto** selbstverständlich 24A
el **porcentaje** Prozentsatz 19D
porque weil 8A
el **portero** Portier, Pförtner 5A
portugués(-esa) portugiesisch, Portugiese (Portugiesin) 18A
postal: tarjeta ~ Postkarte 7D
el **postre** Nachspeise 2A
posible möglich 3D
practicar üben 7A
el **precio** Preis 18E 2
precioso,-a wunderschön 14D
la **pregunta** Frage 7C 3; **hacer una** ~ eine Frage stellen 11D
preguntar fragen 2A
el **prejuicio** Vorurteil 16D
la **prensa** Presse 20E 1

preocupar Sorgen machen 18D
preparar bereiten 10D; vorbereiten 15D
la **preposición** Präposition 15B 2
presentar vorzeigen, vorstellen 6C 1; ~**se** erscheinen 19A
presidencial: república ~ Präsidiale Republik 20D
pretérito perfecto Perfekt 21B 2
previsto,-a (*prever*) vorgesehen 16A; geschätzt 23D
la **primavera** Frühjahr 25A
primer (*vor Subst. mask. Sg. anstelle von* „primero") 14A
primero,-a erste(r,-s) 5A; ~ zuerst 10A; **a ~s de junio** Anfang Juni 15C 6
el (la) **primo(-a)** Vetter (Kusine) 22A
el **principio** Anfang 10B 4; **al** ~ am Anfang 10B 4
la **prisa** Eile 12A; **darse** ~ sich beeilen 12A; **llevar** ~ es eilig haben (*wenn man geht*) 20A; **tener** ~ es eilig haben 20C 1; **de** ~ eilig, schnell 20C 1; **va de** ~ sie geht schnell 20C 1
privilegiado,-a privilegiert 20D
probar (*-ue-*) versuchen 10A; kosten (*schmecken*) 22C 3
el **problema** Problem 14A
la **procesión** Prozession S. 156
producir (*-zc-*) produzieren 19D
el **producto** Produkt 1A
el (la) **profesor(a)** Lehrer(in), Professor(in) 11A
profundo,-a tief 22D
el **progreso** Fortschritt 11D
el **pronombre** Pronomen, Fürwort 7B 4
pronunciar aussprechen 8A
pronto bald 9A
el (la) **propietario(-a)** Eigentümer(in) 20E
propio,-a eigen 11D
el **prospecto** Prospekt 9D
protestar protestieren 23A
la **provincia** Provinz 5D
próximo,-a nächste(r,-s) 18D
¡**prueba**! versuche! 10A
pts. (*Abk. von* **pesetas**) Peseten 6E 3
público,-a öffentlich 15D
el **pueblo** Dorf 5D; Volk 16D
la **puerta** Tür 6A
pues nun, na 14A; aber 15A
puesto,-a (*Part. von* „poner") 22B 1; **el sol se ha** ~ die Sonne ist untergegangen 19D
el **punto** Punkt 18A; **desde el** ~ **de vista** vom Standpunkt aus 18A

Q

¿**qué**...?: ¿ ~ **es esto?** Was ist das? 1C 1; ¿ ~ **textos lees?** Welche (Was für) Texte liest du? 7A; ¿ ~ **tal estás?** Wie geht es dir? 7A; ¿ ~ **hora es?** Wie spät ist es? 9A; ¿**De** ~ **hablan?** Wovon sprechen sie? 4E 1; ¿**Sobre** ~ **conversan?** Worüber sprechen sie? 10E 1; ¿**para** ~? wofür? 11C 7; ¿**por** ~? warum? 10A

¡**qué**...! 7B 4; ¡ ~ **caro!** Wie teuer! 5A; ¡ ~ **cosas!** Was für Sachen! 7A
que daß; **de** ~ ... davon, daß ...; **Digo** ~**estoy cansada** Ich sage, daß ich müde bin 7A; **Claro** ~ **te conozco** Natürlich kenne ich dich 7A; **No se da cuenta de** ~ ... Sie wird sich nicht klar darüber, daß ...; sie merkt nicht, daß ... 13E 4
que der, die, das (*nach Präpositionen steht meistens der Artikel* „el/la" *vor* „que"); **un texto** ~ **habla de** ... ein Text, der spricht über ... 7A; **una cafetería, en la** ~ ... eine Cafeteria, in der ... 21D
el que, la que der-, die-, dasjenige, welche(r, -s) 13B 2; **la que va a su lado** diejenige, welche an seiner Seite geht 13A
lo que ... was; **de** ~ ~ ... davon, was ...; **con** ~ ~ ... damit, was ...; **escriba usted** ~ ~ **sabe de** ... schreiben Sie, was Sie wissen über ... 13B 7; **no se da cuenta de** ~ ~ **hace** sie wird sich nicht klar darüber, was sie tut 13E 4; **no estoy de acuerdo con** ~ ~ **dice** ich bin nicht damit einverstanden, was Sie sagen 23E 2
que als; **de lo** ~ als (*vor Sätzen*) 18B 1; **vivís mejor** ~ **nosotros** ihr lebt besser als wir 14A; **se habla más de lo** ~ **muchos piensan** man spricht mehr als viele es glauben 18A
quedar übrigbleiben 14A
quedarse con algo etwas behalten 9D
quedarse bleiben 12D
quejarse sich beklagen 23A
quemar (ver)brennen, versengen 25D
querer(*-ie-*) wollen 5A; lieben 22D
el **queso** Käse 14C 3
¿**quién?** (*Pl.*: ¿**quiénes?**) wer? 3A; **hay quienes** ... es gibt Leute, die ... 18D
químico,-a chemisch 1A
quince fünfzehn 9A, 9B 3
quinientos,-as fünfhundert 6E 3
el **quinteto** Quintett 1A
quinto,-a fünfte(r,-s) 18A
un quinto Fünftel 21A
el **quiosco** Musikpavillon, Kiosk 1A
quitar (weg)nehmen, entfernen 24A; **quita la radio** schalte das Radio aus 10A

R

la **ración** Portion 21A
radiante strahlend 23A
la **radio** Radio-sender, -apparat 4C 3
el **ramo de flores** Blumenstrauß 13A
el **rape** Seeteufel 21F
rápido,-a schnell 18D
el/los **rascacielos** Wolkenkratzer 23D
un **rato: hace un** ~ vor einer Weile 13D; **hace un** ~ **que os esperamos** wir warten seit einer Weile auf euch 13D
la **raya** Strich, Linie 25D : „**tres en raya**" *Kinderspiel, ähnlich wie Mühle* 25D
la **raza** Rasse 16D
la **razón: tienes** ~ du hast recht 16D

la **realidad** Wirklichkeit 20D
realmente wirklich, tatsächlich 18D
recibir empfangen 13A; bekommen 25A
recoger abholen 13A
la **recolección** Ernte 19D
recordar(-*ue*-) ins Gedächtnis rufen 15D
el **recreo** Erholung, Unterhaltung 23D
el **recuerdo** Erinnerung 15E 1
la **red** Netz 9C 5;
  Red Nacional de Ferrocarriles Españoles (*Abk.* **RENFE**) Spanisches Eisenbahnnetz 9C 5
reflexivo: verbo ~ reflexives Verb 17B 3
el **refresco** Erfrischungsgetränk 9C 6
el **refrigerio** Imbiß, Lunchpaket 9C 6
regalar schenken 19C 1
el **regalo** Geschenk 19A
la **región** Region 8A
regular: verbo ~ regelmäßiges Verb 4B 1
la **regularidad** Regelmäßigkeit 8B 2
reír(se) (-*í*-) lachen 17A, 17B 3
relativo: pronombre ~ Relativpronomen 7B 4
el **reloj** Uhr 13A
el **remite** Adresse des Absenders 10D
RENFE *Abk. von* Red Nacional de Ferrocarriles Españoles; *s.* „red"
la **reparación** Reparatur 11E 2
la **repetición** Wiederholung 16B 6
repetir(-*i*-) wiederholen 10A
replicar erwidern 14 D
la **represión** Unterdrückung 22A
la **república** Republik 18D
resfriarse sich erkälten 17A
respectivamente beziehungsweise 18A
responder antworten 11A
la **respuesta** Antwort 11D
el **restaurante** Restaurant 2A
resultar sich herausstellen 16A
el **retrato** Porträt, Bild 10D
el **retraso** Verspätung 10D
la **revista** Zeitschrift 4A
revivir neu aufleben 22D
rico,-a reich 14A
el **rincón** Ecke (*von innen her betrachtet*) 22A
el **río** Fluß 18C 6
la **riqueza** Reichtum 18D
rojo,-a rot 12D
la **ropa** Wäsche 24A
la **rosa** Rose 13A
rosa (color) rosarot 25D;
  una novela rosa ein Liebesroman 15A
rubio,-a blond 10D
ruso(-a) russisch, Russe (Russin) 18A

S

el **sábado** Samstag 9C 6
saber (*sé, sabes* . . .) wissen 14A
sacar herausholen 15D
la **sala de espera** Wartesaal 13D
la **sala de estar** Wohnzimmer 24A
el **salario** Lohn 20D
el **salchichón** eine Art Wurst 14C 3
la **salida** Ausgang 9A; Abfahrt 9C 6
salir (*salgo, sales* . . .) fort-, weg-gehen, abfahren 9A; abfliegen 9C 3; ~ **de** ver-
lassen 9C 3; **el sol sale/ha salido** die Sonne geht auf/ist aufgegangen 14D/19D; **te ha salido muy bien** es ist dir sehr gut gelungen 24A
el **salmonete** Rotbarbe 21F
el **salón de belleza** Kosmetiksalon 11E 2
el **salón-comedor** Eß-Wohnzimmer 14D
saludar grüßen 4D
el **saludo** Gruß 5B 1
sano,-a gesund 25A
se sich 3A; man 7A
sé (*s.* „saber") ich weiß 14A
seco,-a trocken S. 180
el **sector** Sektor, Wirtschaftszweig 23D
la **sed** Durst 14C 7
en seguida sofort 4A
seguir (-*i*-) fortsetzen 24A;
  seguir + gerundio weiter etwas tun 24B 2; **yo tengo que** ~ **cosiendo** ich muß weiternähen 24A
según nach, laut 21E 1; ~ **el texto** laut Text 21 E 1
segundo,-a zweite(r,-s) 5A
la **seguridad** Sicherheit 20D; **la** ~ **social** das Sozialversicherungswesen 20D
seis sechs 5A
la **selva** Urwald 20A
el **sello de correos** Briefmarke 7C 1
la **semana** Woche 9D; Semana Santa Karwoche S. 156
sencillo,-a einfach 14D; leicht 19A
sentado,-a: están sentados(-as) sie sitzen 10D
sentarse (-*ie*-) sich setzen 10A
sentimental sentimental 8D
el **sentimiento** Gefühl 22D
sentir (-*ie*-) empfinden, fühlen 22D;
  ~se sich fühlen 16A; **lo siento** ich bedauere es 21A
el (la) **señor(a)** Herr (Frau) 4A, 5A, 25A; (Dame 11E 2); **señor/señora** (*der Art. fällt nur in der Anrede aus*) 4B 3
la **señorita** Fräulein 4A
la **separación** Trennung 22D
separado,-a getrennt 2A
separar(se) (sich) trennen 22D
se(p)tiembre September 9C 6
séptimo,-a siebente(r,-s) 18A
ser (*soy, eres, es, somos, sois, son*) sein (*s.* „estar") 3B 1; 7A
serio,-a ernst 14D
el **servicio** Dienst 20D; Dienstleistung 23D; ~ **nocturno** Nachtdienst 9C 6
servir (-*i*-) servieren, bedienen 21A
sesenta sechzig
setecientos,-as siebenhundert 6A
setenta siebzig 9B 3
Sevilla *Provinz und deren Hauptstadt in Südspanien* 8A
sexto,-a sechste(r,-s) 18A
sí ja 2A; **(digo) que** ~ (ich sage) ja 13A
si falls, wenn 11C 4; ob 15A; ~ **quieres** wenn du willst 15 A; **pregunto** ~ **es** . . . ich frage ob es . . . ist 15A
sido (*s.* „ser") gewesen 23D
siempre immer 10D
la **sierra** Gebirge 5A

la **siesta** Siesta, Mittagsruhe 22C 3;
  dormir la ~ Mittagsruhe halten 22C 3
siete sieben 6A
significar bedeuten 11A
el **signo** Zeichen 9C 6;
  ~**s convencionales** Zeichen, Symbole 9C 6
siguiente folgende(r, -s) 17E 2
la **silla** Stuhl 12C 3
el **sillón** Sessel 24A
sin ohne 1A
singular Singular, Einzahl 1B 2
sino sondern 16D
el **sistema** System 16D
el **sitio** Ort, Stelle, Lage, Gegend 5A
la **situación** Lage, Zustand 20E 1
sobre über 1C 7; auf 7A
el **sobre** Briefumschlag 7A
la **sobremesa** Nachtisch (*Familiengespräch nach dem Essen*) 14D; **de** ~ nach Tisch 14D
social sozial, gesellschaftlich 22D
socioeconómico,-a sozioökonomisch (sozial und wirtschaftlich) 19D
el **sofá** Sofa 10A
sois (*s. „ser"*) ihr seid 17A
el **sol** Sonne 5A
solamente (=sólo) nur 5A
soler(*-ue-*) + *Inf.* pflegen zu 14A; **solemos acostarnos muy tarde** wir pflegen sehr spät ins Bett zu gehen 14A
solitario,-a einsam 25D
sólo (= *solamente*) nur 4A
solo,-a allein 15A; ohne Milch (*bei Kaffee*) 2A
soltero,-a unverheiratet 22D
la **sombra** Schatten 19A
el **sombrero** Hut 13C 2
son (*s. „ser"*) sie sind 2A
la **sopa** Suppe 21C 6; ~ **de la casa** Suppe nach Art des Hauses 21F; ~ **de fideos** Nudelsuppe 21F
la **sopresa** Überraschung 16A
soy (*s. „ser"*) ich bin 4A
su (*vor Subst., anstelle von „suyo,-a"*) sein(e), ihr(e), Ihr(e) 6B 3
suave sanft, mild 25D
subdesarrollado,-a unterentwickelt 18E 2
el **subdesarrollo** Unterentwicklung 18D
subir einsteigen 13D; aufsteigen 24D; hinaufgehen 25D
el (**nombre**) **substantivo** Substantiv 7B 4
sucio,-a schmutzig 24D
Sudamérica Südamerika 8A
Suecia Schweden 8A
sueco(-a) schwedisch, Schwede (Schwedin) 8B 3
el **sueldo** Gehalt 14A
el **suelo** (Fuß-)Boden 6A
el **sueño** Schlaf 14C 7; Traum 22E 2
la **suerte** Glück, Schicksal 4D
Suiza Schweiz 8A
suizo(-a) schweizerisch, Schweizer(in), 8B 3
sumiso,-a unterwürfig 16D

por supuesto selbstverständlich 24A; ~ ~ **que los veo** aber klar, daß ich sie sehe 24 A
el **sur** Süden 8D
suyo,-a sein(e), ihr(e), Ihr(e) 17A, B 2

T

el **tabú** Tabu 19B
tal: ¿ Qué ~ **estás?** Wie geht es dir? 7A; ¿ **Qué** ~ **les va en el pueblo?** Wie geht es Ihnen im Dorf? 25 D
el **taller** Werkstatt 11E 2
también auch 3D
tampoco auch nicht 3D; **no** ... ~ auch nicht 11B 3
tan so (*vor Adj. u. Adv.*) 18B 1; **no es** ~ **difícil** es ist nicht so schwierig 15A; ¡ **Qué manos** ~ **finas!** Was für feine Hände 12D
el **tango** Tango 1C 7
tanto (*unveränderlich, bei Verben; s. „tan"*) so viel 18B 1; ... **no se habla** ~ **como el inglés** ... wird nicht so viel wie das Englische gesprochen 18A
tanto,-a(*veränderlich, vor Subst.*) so viel 18B 2; **tiene -a importancia como el francés** hat so viel Bedeutung wie das Französische 18A
la **tapa** (Appetit-)Happen 21A
tardar Zeit brauchen, dauern 9A
tarde spät 6A
la **tarde** Nachmittag 5A; **esta** ~ heute nachmittag 7A; **por la** ~ nachmittags 5A; **de la** ~ des Nachmittags 10C 1
la **tarea** Aufgabe 20E 1
la **tarjeta postal** Postkarte 7D
el **taxi** Taxi 6A
el **taxista** Taxifahrer 6A
la **taza** Tasse 2A
el **té** Tee 2A
te dich, dir (*s. „ti"*) 7A
el **teatro** Theater 1C 1
técnico,-a: **escala -a** technisch bedingte Zwischenlandung 9C 6
los **tejidos** Textilien 14D
el **teléfono** Telephon 4A
la **televisión** Fernsehen 7C 6
el **tema** Thema, Gesprächsstoff 23C 6
el **temperamento** Temperament, Charakter 16D
la **temperatura** Temperatur 25A
la **temporada** Zeitraum, Saison 19D
temprano früh 9A
el **tenedor** Gabel 21F
tener (*tengo, tienes* ...) haben 6B 1, 25A 1; **tenemos sueño** wir sind schläfrig 14C 7; ¿ **Tiene usted frío/calor?** Ist Ihnen kalt/warm? 25C 3; ¿ **Qué edad tienen?** Wie alt sind sie? 25A; **la mayor tiene trece años** die älteste ist 13 Jahre alt 25A
tener que +*Inf.* müssen 12A; **tienen que darse prisa** Sie müssen sich beeilen 12A
¡ **tenga(n)!** (*tener*) hier haben Sie!, nehmen Sie es! 11A
tercer (*vor Subst. mask. Sg. anstelle von „tercero"*) dritter 18A

tercero,-a dritte(r,-s) 5A
un tercio ein Drittel 21A
termina en ... endet auf ... 1B 4
la **terminación** Endung 16B 1
terminar enden, beenden 4D; **termina de beberte la cerveza** trink dein Bier aus 13A
la **ternera** Kalb(fleisch) 21F
la **terraza** Terrasse 10D
el **texto** Text 1C 7; **libro de** ~ Lehrbuch 20D
ti (*nach Präpositionen anstelle von „te"*) dich, dir 15B 2
el **tiempo** Zeit 9A; Wetter 23A
la **tienda** Laden, Geschäft 14D
tiene (*tener*) (er/sie) hat 5D
la **tierra** Land, Erde 12D; **Lucía se queda en** ~ Lucia bleibt am Boden (*fliegt nicht mit*) 12D; **el avión toma** ~ (= *aterriza*) das Flugzeug landet 13D
la **tilde** Akzent (') 1B 4
tinto: vino ~ Rotwein 21A; **un** ~ ein Glas Rotwein 21A
la **tintorería** Färberei u. chemische Reinigung 11E 2
el **tío:** ¡Qué ~! So ein Kerl/Typ! 21A
típico,-a typisch 25D
tirar ziehen 25D
la **toalla** Handtuch 24A
el **tocadiscos** Plattenspieler 16D
todavía noch 13A
todo,-a ganz, alles; **todos,-as** alle 1C 1; ~ **junto** alles zusammen 2A; **en -as partes** überall 3A; **-a la ciudad** die ganze Stadt 14D; ~ **el día** den ganzen Tag 16A; ~**s los países** alle Länder 18D
tomar nehmen 2A; ¿**Qué toma(n) usted(es)**? Was nehmen/trinken/essen Sie? 2A; **toma el teléfono** (er/sie) nimmt das Telephon 4A; **tómate la leche** trink deine Milch 17A; **tomen (ustedes) asiento** nehmen Sie Platz 25A
la **tontería** Dummheit, Blödsinn 16D
tonto,-a dumm 10A
el **tópico** Gemeinplatz, Klischeevorstellung 25D
el **torero** Stierkämpfer 10D
el **toro** Stier 2A
la **torre** Turm 5D
Torre del Mar *Ortschaft bei Málaga* 5D
la **tortilla** Omelett 21F; ~ **de alcachofas** Artischockenomelett 21F; ~ **de champiñón** Champignonomelett 21F; ~ **de espárragos** Spargelomelett 21F; ~ **de gambas** Krabbenomelett 21F; ~ **de jamón** Schinkenomelett 21F; ~ **de patatas** Omelett mit Kartoffeln 21F
tostado,-a getoastet, geröstet 14C 3; stark gebräunt 25D
en total insgesamt 2A
trabajador fleißig 16D; Arbeiter 23E 2
trabajando beim Arbeiten 16A, 24B 1
trabajar arbeiten 3D
el **trabajo** Arbeit 10C 5
el **tractor** Traktor 23C 3
traducir (*-zc-*) über-setzen, -tragen 23B 2;
el turismo se traduce en divisas der Tourismus schlägt sich in Devisen nieder 23A
traer (*traigo, traes* ...) (her)bringen (*s.* „llevar") 12A, 12B 2; **el tren trae retraso** der Zug kommt mit Verspätung /hat Verspätung 10D
el **tráfico** Verkehr 9C 6
traiga(n) (*traer*) bringen Sie 12A ,12 B 2
tranquilo,-a ruhig 5A
transportar transportieren 13D
el **tranvía** Straßenbahn 11E 1
trasladarse a umziehen in 14A
trece dreizehn 9B 3
treinta dreißig 2D
el **tren** Zug 10D
tres drei 2A
trescientos,-as dreihundert 2A
triste traurig 10D
el **trozo** Stück 2A
tú du 6A
tu (*vor Subst. anstelle von* „tuyo,-a") dein(e) 6A
el **turismo** Fremdenverkehr 23A
el (la) **turista** Tourist(in) 5D
tuyo,-a dein(e)

U

último,-a letzte(r,-s) 4D
los **ultramarinos** Kolonialwaren 11E 2
un (*vor Subst. mask Sg. anstelle von* uno") ein 1A
una (*fem. von* „un/uno") eine 1A
undécimo,-a elfte(r,-s) 18A
uno,-a ein 3A; einer, eine 16A; **si a uno le gusta su trabajo** ... wenn einem seine Arbeit gefällt ... 16A
unos,-as ungefähr 9A; einige 10D; ein, eine 13C 1; ~ **pantalones** eine Hose 13C 1; ~ **zapatos** ein Paar Schuhe 13C 2
urgente eilig, Eil- ... 7D; **por correo** ~ mit Eilboten 7D
el **uso** Gebrauch 17B 3
usted (*Pl.:* **ustedes**) Sie 1C 1
las **uvas** Weintrauben 2A

V

va (*ir*) (er/sie) geht/fährt/fliegt 9B 1
¿**Ya se va**? Gehen Sie schon weg? 15D
las **vacaciones** Urlaub, Ferien 6D
vacío,-a leer 13A
vago,-a faul 16D
Valencia *Stadt an der Mittelmeerküste Spaniens* 9D
vale o.k. (= okay) (es gilt) 10A
valer (*valgo, vales* ...) gelten, wert sein 21A
el **valle** Tal 24D
vamos (*s.* „ir") wir gehen/fahren/fliegen 9A; ¡**vamos**! los, auf, gehen wir! 6A
van (*s.* „ir") sie gehen/fahren/fliegen 6D
la **variedad** Auswahl 21D
varios,-as einige, mehrere 18D
vasco,-a baskisch, Baske (Baskin) 8D; **el País Vasco** das Baskenland 8D
el **vascuence** baskische Sprache 8D
le **vaso** (Trink-)Glas 2A

vaya(n) usted(es) a ... (*ir*) gehen Sie in, zu ... 11C 6, 20B 1
¡vaya! so etwas! 16A
Vd. (Vds.) *Abk. für* **usted(es)** Sie
ve (*ver*) er/sie sieht 7B 2;
 se ~ una botella man sieht eine Flasche 7A
ve (*ir*) geh(e) 20B 1
vea(n) usted(es) (*ver*) sehen Sie 11C 3
véase siehe (unter) 11E 2
a veces manchmal 24D
veinte zwanzig 2D
veinti- ... -undzwanzig 9B 3; **veintiuno,a** einundzwanzig 9B 3
ven (*ver*) sie sehen 7B 2; **se ~ muchas cosas** man sieht viele Sachen 7A
ven (*venir*) komm 17A, 20B 1
vender verkaufen 14D
venga(n) usted(es) (*venir*) kommen Sie 20B 1
venir (*vengo, vienes* ...) kommen 13A, 20B 1
la **ventana** Fenster 14E 2
veo (*ver*) ich sehe 7B 2
ver (*veo, ves* ...) sehen 7B 2;
 a ~ si ... mal sehen, ob ... 23A
el **verano** Sommer 25A
de veras im Ernst, wirklich 10A
el **verbo** Verb 4B 1
la **verdad** Wahrheit 13D; **¿ ~ ?** nicht wahr? 13D; **eso sí es ~** das ist schon wahr, das stimmt schon 16A
verde grün 13A
el **vestido** Kleid 12C 3
la **vez** (*Pl.:* **veces**) Mal 10A;
 otra ~ noch einmal 10A;
 de ~ en cuando ab und zu 15D;
 una y otra ~ immer wieder 20D;
 alguna ~ irgendwann 23A
viajar reisen 7D

el **viaje** Reise 6A
la **vida** Leben 4D
viejo,-a alt 7D
el **viernes** Freitag 9C 6
la **villa** Villa 23A
el **vino** Wein 2A
la **visita** Besuch 25A
visitar besuchen 25C 1
visto,-a (*ver*) gesehen 22A
vital vital, lebenswichtig 22D
vivir wohnen 9D; leben 16A
el **vocabulario** Wortschatz 7C 1
la **vocal** Selbstlaut 1B 4
volver (-*ue*-) zurückkommen 5A; **~ a + *Inf*.** wieder etwas tun: **vuelven a encontrarse** sie treffen sich wieder 22D
vosotros,-as ihr 14A; euch (*nach Präposition*) 15B 2
voy (*ir*) ich gehe/fahre 9B 1
el **vuelo** Flug 9A 6
la **vuelta** Wechselgeld 9A;
 dar una ~ eine Runde machen 14A
vuelto (*Part. von* „volver") zurückgekommen 22B 1
vuelve (*volver*) er/sie kommt zurück 5A
vuestro,-a euer(e) 17A

Y

y und 1A
ya schon 6A; **~ no** nicht mehr 10A
yo ich

Z

la **zapatería** Schuhmacherei, Schuhgeschäft 14D
los **zapatitos** Schühlein 17D
el **zapato** Schuh 13C 2; **unos ~s** ein Paar Schuhe 13 C 2
Zaragoza *spanische Stadt* 1A
el **zoo** Zoo 1A